U0129288

晚霞燦黃昏

— 裸體寫真晚年

許其正 著

文 學 叢 刊

文史哲出版社印行

國家圖書館出版品預行編目資料

晚霞燦黃昏：裸體寫真晚年 / 許其正著 --
初版.-- 臺北市：文史哲，民 105.06
頁： 公分.--（文學叢刊；364）
ISBN 978-986-314-304-8（平裝）

855　　　　　　　　　　　105009953

文 學 叢 刊 364

晚 霞 燦 黃 昏
── 裸體寫真晚年

著　　者：許　　　其　　　正
出 版 者：文　史　哲　出　版　社
http://www.lapen.com.tw
登記證字號：行政院新聞局版臺業字五三三七號
發 行 人：彭　　　　正　　　　雄
發 行 所：文　史　哲　出　版　社
印 刷 者：文　史　哲　出　版　社
臺北市羅斯福路一段七十二巷四號
郵政劃撥帳號：一六一八○一七五
電話 886-2-23511028 · 傳真 886-2-23965656

實價新臺幣二八○元

二○一六年（民一○五）六月初版

ISBN 978-986-314-304-8　　　09364

晚霞燦黃昏

── 裸體寫真晚年

目　　次

創造人生的第二春（代序）

　　年紀大了，兼以遷居新莊後球友少了，我少運動了。但是，人不運動是不行的，尤其年紀越大越不能不運動，尤其像我這樣喜歡運動、早年常運動的人，不運動毛病可能就來。三個月前，蜜子邀我去爬山，正是如魚得水。我們便幾乎每個週末或假日都去爬山，時間不是清早便是黃昏。

　　我們爬的幾乎都是距離不遠的泰山南亞鳥園，偶爾才到別的地方（例如觀音山）。主要路線是由泰山巖起，沿明志工專左圍籬外的小山徑上爬，直到南亞鳥園。不過，實際上我們很少爬到南亞鳥園，只爬那一段小山徑而已；因為要到南亞鳥園必須走一段柏油路，平坦而沒有坡度，稱不上「爬」，而且會接觸到許多現代建築，我們覺得太人工化，不自然，只去了兩次，以後便都止步折回了。爬山，除了運動健身，接近大自然，欣賞大自然，呼吸新鮮空氣，是很重要的。

　　清早或黃昏時候，在那裡爬山的人很多，男女老幼都有，甚至有牽了狗一起爬山的，相當熱鬧。爬山的人大多穿鞋，但有些則脫了鞋襪爬。據說脫了鞋襪爬，可有按摩腳底的功用，也可使雙腳吸些土氣，對健康頗有助益。我們爬沒幾次，也加入了脫鞋襪打赤腳爬山的行列了。

　　出乎我們意料之外的是，爬沒幾次，我們就碰到了我的同事陳老師。原來她先生在明志工專任教，就住在該校教職

員宿舍。如不是來這裡爬山，我們學校太大，教職員就有三百多位，對她可能只是點頭的認識而已。由於在這裡見面，我們之間便有更深一層的認識了。我們來爬山，有相同的嗜好，也比較常見面！大家都有相同的心情：來爬山，接近大自然，欣賞大自然，呼吸新鮮空氣，找健康……。

　　暑假剛開始的第五天早上，我們爬到第一個土地公廟，又和她碰面了。她旁邊多了一位婦人家，長得很像她。一問才知，原來是她媽媽。

　　「妳媽媽？妳都已經四十幾了，妳媽媽不是已經六十以上了？」

　　「是呀！六十五了。」

　　「什麼？六十五了？怎麼可能？她看起來不到五十呢。這麼年輕又這麼健康！不會是開玩笑吧！是妳姐姐還是妳媽媽？」

　　「你不相信？她已經退休十年了。你算算看就知道了。五十五歲退休的。」

　　「不是不相信。只是看起來太年輕了，不像六十幾歲的人。」

　　「承你誇獎，不敢當。我確實已經六十五了。」她媽媽說。

　　陳老師接下去說：「我媽媽看起來確實是年輕。不是只有你們說，很多人都這麼說，而且都說她越來越年輕，比退休前健康很多。我也這麼覺得。」

　　「很多人退休以後，老得很快，甚至因為沒有事情做，生活不規律，不能適應，提早離開人世間，所以我不敢退休。其實我已經教了廿九年了，年紀也超過五十，可以退休了，

就是不敢辦。」

「是有這種現象。我的同事，和我一起退休的，有些老得很快，有些常生病，生活得枯燥、寂寞、無聊，也有些已經過世了。」

「是呀！我就是怕退休後沒事做，心裡沒寄託，不好，所以不敢辦。」

「不要怕！該退就退。」

「退下來怎麼辦？」

「找事做呀！」

「怎麼找得到事做？都一把老骨頭了，能做什麼事？有誰要？」

「事情多得很。我都忙得很少有空來這裡。平日他們也忙，我當然不來。這次是趁著暑假，他們正好有空，又一直要我來，不然我才沒時間來呢。」她停了一下說：「我們人的潛能其實很大，只是常常給低估了。像你這樣的年紀，退休下來，要開創事業，創造人生的第二春，還是可以的。其實自己並不老，都是自己把自己說老了的。如果體力較差，我們不要做費體力的嘛！不過，我們一生已經獻出不少力量，為社會、國家做了不少事了，為自己開創人生的第二春是可以的。」

「那要做些什麼呢？」

「參加各種有益的活動最好。」

「妳退休後都參加些什麼活動？提供一些給我參考好不好？」

「譬如旅遊啦。只要有伴，我便和人家去旅遊，每年平

均還出國兩趟。為了出國旅遊方便，我還去學英語會話。我是教國文的，英語原本一竅不通，現在我已經稍為能講了，出國旅遊，和外國人對話，交涉事情，大致沒什麼問題了。」

「哦？」

「還去學跳土風舞。每天起個大早，到公園去，和大家一起跳，很有趣。其實，那裡活動很多。打羽毛球的，打籃球的，慢跑的，練外丹功的，丟飛盤的，打太極拳的，跳扇子舞的，跳土風舞的……只要高興，什麼都可以參加。你們這裡應該也有，學校、公園、運動場、廣場早晚都可能有適當的運動。或者像這裡，每天清晨或黃昏，來這裡爬山，也很好呀！爬山爬到半途，只要有廣場可以做別的活動，像他們，」她指向土地公廟前廣場的男女：「不也在跳土風舞？只要帶個錄音機就可以了。」

「嗯。」

「她還學書法和繪國畫呢。」這次輪到陳老師代她母親說話了：「我媽媽原來書法不好，國畫從來沒繪過；但是學了將近十年，現在她的書法和國畫，已經常常參加書畫展覽，裱起來送人，和名家相比，毫不遜色。我家客廳現在就掛有她的書法和國畫各三幅。不知情的親戚朋友來都問是哪個大師的作品。改天有空，請到我家來看看。讓你們大開眼界。」

「哇！了不起！大師在此，我們真是有眼不識泰山！」

「你們別聽她往自己媽媽臉上貼金！也不知臉紅！我只是學了，寫起來，畫起來，比沒學好就是了。」

「陳媽媽太客氣了。」

「其實藝文活動也很多，只要任選一、兩項來學，保證

讓你忙不完的。像練書法啦，學繪畫啦，學吹奏樂器啦，學中國結啦，看書啦，寫作啦……」陳媽媽說到這裡，陳老師趕快把話給搶了過去：「對了！媽！妳提到看書、寫作，許老師已經出版了將近十本書了。他平常就喜歡看書、寫作，是個大作家哩！」

「不好這樣說。很慚愧！我只是從小染上了塗塗寫寫的壞毛病，到現在一直改不掉。」

「這樣最好了。平常就喜歡看書、寫作，退休後就全心去讀書、寫作，不是最充實最愜意嗎？以讀書、寫作來安度晚年是人生最大的享受。我都求之不得呢！改天我還得向你請教。」

「據說你南部還有果園，孩子又已經各有成就，」陳老師加油添醋：「退休後回南部果園建一棟別墅，過田園和耕讀生活，這是人生至樂。」

「妳們母女很會說話，很會設計，我的心都動了，也想退休了。」

「其實，一個人想退休，要事先有規畫，能好好安排退休生活，為自己創造第二春。不管有沒有報酬，反正自己已經有退休金，不怕生活發生問題了，找一些合適、有意義的事做，順自己的意去做，量力而為，只要心裡有所寄託就行；千萬不要沒事做，心裡沒有寄託，就會覺得枯燥乏味，度日如年，老得快，甚至很快過世。」

「謝謝！聽君一席話，勝讀十年書！」

1994/9/16　台灣月刊

識與不識

　　是一個生日宴會的場合。林家老先生過生日。主人特別選了假日。平日散居各處的親戚差不多都到了。場面相當熱鬧。

　　林老先生嫁到高雄的小女兒，也偕同她丈夫帶著他們才四歲的女兒回來了。由於他們遠在高雄，和住在台北的親戚不常見面，住在台北這些親戚見了，格外關切，便爭相問候，尤其對他們才四歲的女兒，更是如此。主要原因是她正當「好玩」的年紀，又兼乖巧可愛，聰明伶俐，反應快，常會語出驚人，叫人笑開懷，更是圍著問這問那的，逗她玩。

　　「認不認得我？」

　　「認得。阿公！」

　　剎時，一片讚歎聲響了起來。

　　「我呢？」

　　「阿嬤。」

　　又一片讚歎聲響起。

　　「我呢？認不認得？」

　　「舅舅。」

　　圍在她旁邊的人，她一個一個認，一個一個喊。每認出一個人喊出來，都掀起一片讚歎聲。可是有一個人她卻一直

盯著看，遲遲未認出來，喊出來。

「妳不認得我了嗎？我是誰？」

她歪著頭想著，顯得認不出來的樣子。

「不認得我了？再想一想，我是誰？」

她還是歪著頭，想不起來。原來他住在澎湖。那是她阿嬤的娘家。她才見過他三次。

「再想一想。我是住在澎湖的。」他提醒她。

她還是想不起來。

「大舅公啦！」

「啊！對了。大舅公。」

「妳剛才為什麼認不出來？」

「因為你上次不是穿這件衣服。」

「沒穿上次那件衣服，妳就不認得呀！我又沒戴面具。」他只是隨口說了逗她。

「你這就是戴面具了。」

不知她是否懂得戴面具的意思，反正她是這麼說了，令眾人大為吃驚。

2011/2/11　亞特蘭大新聞「亞城園地」

怕來不及了

　　他總是匆匆忙忙地，整日連夜，一會兒走東，一會兒奔西，一會兒爬上，一會兒爬下，一會兒碰這個，一會兒做那個，才看見他完成一件事，立刻又看見他在規畫一件事……。總之，不管什麼時候，他總是不停地動著，忙著；就是不知道他為什麼要這樣。

　　他就是這麼忙著，忙得氣喘吁吁，忙得汗流浹背，不僅身子不停地動著，手腳不停地動著，連腦子也沒停過，忙得像一顆不停轉動的陀螺，忙得一個好好的人不住地瘦下去，甚至有些病痛來沾黏……。

　　「你在忙什麼？」

　　他只抬頭看了問的人一眼，沒有回答。

　　「要注意身體喔！別忙壞了。」

　　他只投給人一個感激的眼光，沒有回答。

　　「為什麼要這麼忙呢？」

　　「時間太短。怕來不及了。」他有點無奈地說。

　　「你已經退休了，還有什麼好來不及的呢？」

　　「就怕很快會從人間退休！」

　　他沒有停下來，繼續忙著，忙著……。

　　　　　　　　2011/2/11　亞特蘭大新聞「亞城園地」

爲讀寫而提前退休

　　為了想讀完想讀而未讀的書和寫完想寫而未寫的作品，我提前屆齡六年退休。如果以退休就是老人來衡量，我這時就已是老人了。

　　既然是為讀寫而提前退休，我一退下來便即衝向讀寫了。十三年來，我讀了不少當年沒空去讀的書；而寫作這最大的夙願，我更加足馬力，往前直奔，勢如脫韁的野馬。總計已出版了三本中英對照的詩集、二本中希（臘）對照的詩集、一本中蒙對照的詩集、一本中英日三語的詩集和兩本翻譯詩集，已發表的作品包括詩、散文和小說可成書約六本。

　　讀寫是靜態的。僅只讀寫而不顧身心健康是不行的，所以我也做了些動態的活動。除了特殊情況，我每天做運動，包括體操和步行（起初還打籃球和桌球）。另外，旅遊也是我少不了的活動。

　　生涯規畫雖因人而異；但對退休的人來說是很重要的。在我之前之後退休的，有的已離開了。這不一定是因為他們的身體比我差，年齡比我大，最可能的原因是，沒把生涯規畫好。退休前，一般過的是比較規律的日子；退休後，沒有「朝九（或八）晚五」的規律約束，人便會茫然若失，無所措其手足，心無所屬，那可能就會「提早出局」了。對我來

說，時間都不夠用了，哪有多餘的時間空出來，去「茫然若失，無所措其手足」？

2011/9/26　金門日報副刊文學

水！我要水！

　　前年七月，我作了一次攝護腺手術。去年四月，我又到台北榮總作了一次手術。兩次手術，前者失敗，後者成功，除了醫術差異外，後者主治醫師要我多喝水是最大因素之一。他不用插管去輸出清洗身上殘餘的血水及身體內的有害物，而是要我多喝水，自行給排出。

　　水！我要水！（註）

　　如果水不夠，身體會在那裡猛叫猛要求，只是自己沒明顯聽到就是了。這或許是忙或「麻木不仁」造成的；但是最主要的是習慣。習慣之影響於人也大矣！有人甚至說，一個人身體的健康與否以及一生的成敗，全繫於習慣，不是沒有道理的。生命缺了空氣立刻死亡，水不足則慢慢凋零。

　　水是人身體內重要成分。水少了，我們平日吃進身體裡的許多營養輸送遲滯，身上的廢棄物和吃進去的有害物沒能排出，日積月累的結果，病就來了。許多人生病，其實種因於缺水。我的攝護腺增生，造成排尿困難，尿不乾淨，問題就在這裡。手術後，我遵照醫師指示，多喝水，那些鬼東西排出去了，問題就解決了。更有甚者，不僅解決攝護腺問題

而已，連其他一些以前的毛病，也差不多解決了。

　　當然，喝水也要適量。做什麼事都不能太過。過猶不及呀！

　　註：引自拙詩「渴」。

　　　　　　　　　2011/9/26　金門日報副刊文學

鱔魚銜走便秘

　　越來越喜歡便後探看馬桶裡那隻鱔魚表演功夫了。每次便後，我都喜孜孜地探看。

　　攝護腺手術造成便秘，困擾了我好久。終於有那麼一天，我看見一隻鱔魚銜走了它。

　　是這樣的：那天，我從坐了好久的馬桶起身，只見一隻鱔魚的頭載沉載浮地在水裡游泳。當我壓下沖水閘門時，那隻鱔魚便銜著它，隨著流水倏地向下溜走了。

　　我原不知道那個動作有什麼大不了的意義。慢慢地，那個動作越來越頻繁，竟至每次都如此。

　　隨著那個動作頻頻展現，我獨自尋思了好久，終於領悟到：那隻鱔魚把我的便秘銜走了，連同病痛和不幸。

　　哇，好不歡暢！那個動作顛覆了我認為那是髒臭的傳統思考，宣示了病痛和不幸的離去。婦女產後及病人手術後便秘是常見的；當鱔魚出來銜走便祕時，臉上就該開出美麗的花了。

　　每個人都不乏那隻鱔魚，只是如何養殖，各人巧妙不同就是了。好好養殖牠吧！

2011/9/26　金門日報副刊文學

步　行

　　退休以後，除了少許例外，我每天黃昏時候總會去步行，出門也盡量以腳代車。

　　以腳代車？回到古早時代了？窮到只剩腳了？

　　非也！

　　人生著有腳，為什麼不用？不用，它就要退化。許多老人，病痛纏身，起源於退化；而退化是從腳開始的。腳一出問題，病痛隨即來報到。腳須要鍛練。以腳步行，正是鍛練腳的動作。適當地利用腳，不要廢而不用。用便進廢便退呀！

　　不過，人的全身重量都靠腳支撐，跑步時，它的壓力極大，所以其實跑步不是很好的運動，尤其是老年人。不少老年人膝蓋出問題，徵結就在這裡。跑步和爬山，除全身重量外，還加上跑步和下山時的加速度，更重了，就造成膝蓋的磨損或骨折，問題就來了。所以鍛練，少跑，多步行。這是最好的策略。要鍛練，也要保養！

　　鍛練！鍛練！

　　走吧！把氣血提升
　　走吧！把血壓降下
　　走吧！把健康走出來　　（引自拙詩「步行」）

　　　　　　2011/9/26　金門日報副刊文學

老人和小孩

「老人若囡仔。」

「老人囡仔性。」

是的，老人像小孩：身體較為虛弱，一個不小心就會和疾病交朋友，要靠別人的照顧，走路要別人攙扶，甚至要坐在輪椅上讓別人推，甚至吃飯要別人餵，甚至穿衣要別人幫忙……。總之，他們屬於弱勢族群。

只是，他們有不同處。最大的不同處是，老人越來越「縮水」，越來越虛弱，並且慢慢退位，慢慢「枯萎」；小孩則越來越長高，越來越健壯，並且慢慢「成熟」，慢慢成為「主導」。

老人社會來了。這是全世界各地都普遍存在的事實。老人充滿社會的各個角落。大家都把希望寄放在小孩身上，期待他們趕快長大成人；卻每每忽略了老人。其實，如果小孩是初升的太陽，老人應該是燦爛的晚霞，兩者同樣重要。

可貴的是，經過了歲月的洗禮，經驗的累積，工作的磨練，老人身上有不少智慧的結晶。那是會發光的，每每在西方天邊彩繪成燦爛的晚霞。世人應予善加珍惜，善加運用，不應隨意廢棄。至於小孩，更應善加培育，使其成長壯大，成為有用之材，文化的棟樑，為社會作出貢獻，讓世界更加進步，人類更加幸福，樂享太平。

2011/9/26　金門日報副刊文學

讓　座

　　同樣的一句請坐，同樣的一個讓座動作，各有不同的感受。

　　想當年，自己是年輕的小伙子，是讓座的主體。因為年輕力壯，每在車上看到老弱婦孺或形容明顯疲憊的人，便會把座位讓出，我自己覺得心情很好。那是一種快樂的感受。

　　後來年紀漸大，在各種磨難的欺壓下，身體漸被磨損，使自己也有被讓座的影像掛在身上，成為讓座的客體，常有年輕人讓座。那滋味，便滋生出各種酸甜苦辣的不同感受。

　　退休的第一年，有一次在公車上，眼前一位年輕人穩如泰山地坐在座位上，一動不動，很覺得那年輕人不懂得敬老尊賢。不料到了下一個站牌，一位和我同時退休的同事上來了；那位年輕人竟然讓座給他。顯然那位年輕人不是不懂敬老尊賢，是看我還不夠「老弱」，才不讓座的。這時我的心情立刻翻轉為喜，其歡愉真是無法形容的。我是不用別人讓座的「年輕人」呀！彷彿自己的年齡一下便衝回年輕了。那是瓊漿一樣甜美滋味的感受！

　　如果可能，我但願是讓座的主體，而不是被讓座的客體，尤其是讓座者多加上一句「老伯，請坐！」或「阿公，請坐！」，彷彿自己一下被趕離人生場域了。

　　該有多好呀，如果永遠讓座而不被讓座！

2011/9/26　金門日報副刊文學

閉一隻半眼

　　曾經是個相當有規模的縫紉補習班教師，曾經是個美術高才生……相信她應該是視力很好很細心的人，和她結婚後她也一直如此；可是最近卻發覺她越來越糊塗了：開了燈往往忘記關，東西拿了往往不放回原位讓我要用時找得團團轉，出門往往忘了帶鑰匙，尤其掃地抹桌椅往往留有污點，洗碗也是的……總之，是眼力差了，或是粗心大意，而且越來越嚴重，也越來越讓我受不了，說是說過了，規勸是規勸過了，有時候不免要生氣，說她幾句；但是有用嗎？你說歸說，她錯照錯，那怎麼辦？我有時候整個人簡直要崩潰了……。

　　她越來越常說眼睛看不清楚甚麼的，我總建議她買眼藥水來點。有時候似乎有效。不知是否真的，還是她虛與委蛇，騙我一下的。可是越來卻越不靈了。那只好去找醫生了。

　　陳醫師是他還沒當醫師前我們就認識的眼科醫師。就找他去吧！

　　「這是老人機能退化症。每個人年紀一到都多多少少會患的。而且不僅這樣，還會變成粗心大意，忘東忘西，常出差錯。」他看出我不大以為然，轉向我說：「你別不信。你終久也會的。」

「那不是要亂成一團嗎？」

「那也沒辦法！只好耐心去求診治療了。特別是另一半要很有耐心，不然常常會出問題。對方出現這現象，心中要能包容。」

「怎麼個包容法呢？」

「常聽說，婚姻要長久，婚前要睜亮兩隻眼，婚後要閉一隻眼，要包容對方，別太挑剔對方的小錯。」他話鋒一轉，仿佛是針對我們而說的：「我認為對年老夫妻，這還不夠。一對夫妻想白頭偕老，安度晚年，最重要的是，到老年時，要閉一隻半眼。」

好個閉一隻半眼！是給我的當頭棒喝。

2011/9/26　金門日報副刊文學

我絕對不要這樣

　　一個風和日麗的傍晚，我同平日一樣，在公園裡正做著漫步機的運動，一個老人走到我前面那台，也做了起來，並豎起右手大拇指，向我比著手勢。我每天來這公園做運動，這老人我卻沒見過。待我做完，便過去和他聊了起來。原來他是從嘉義來住在這裡的他的兒子這裡短暫居住的，已九十一歲了。我們就這樣混熟了。這是常事。反正老人嘛！大家一起來做運動，一聊就熟，成為朋友了。幾天後，我們聊起了老人應有的態度，竟然見解相同。這是我們的意見：

　　老人社會來了。這是全世界共同的趨勢，任你怎麼擋都擋不住。老人已經人滿為患了。社會上不論哪個角落，幾乎時時刻刻都看得到老人。他們很多都是有殘缺的。

　　看到拐著腳走路的老人，你我總會在心裡說：「我絕對不要這樣！」

　　看到被用輪椅推著走的老人，你我總會在心裡說：「我絕對不要這樣！」

　　看到說話不清的老人，你我總會在心裡說：「我絕對不要這樣！」

　　「絕對不要這樣！」這是你我說了算的嗎？時間是不允許你我這麼說了算數的。誰能力抗時間而不失敗？時間每時

每刻盯住你我，磨呀磨，拉呀拉，最後必定摧枯拉朽似地摧毀你我。

　　那就好自珍惜自己吧！養成良好習慣，顧好身體健康，至少不去麻煩別人，自己能過自己的日子。這是很起碼的做法。盡可能不要讓自己的子孫疲於奔命來照顧。盡可能不要拖累他們！

　　說是這麼說，不易做到。儘管這樣，還是要堅持。

　　堅持！堅持！

　　堅持好好走完人生的最後一段路。

2011/9/26　金門日報副刊文學

自得就好

　　那段日子，我常去長青活動中心打桌球。該中心每週五下午有個卡拉 OK 活動，兩點開始，在二樓。打球的朋友告知我，要我也去唱。禁不起誘惑，有一天，我終於去了。

　　雖然都是老夥子，卻也相當活潑。很好的現象！好像都回到年輕了。其中有一個老女人很特別。她的年紀已經七十二了，唱起歌來，總是走音，很是刺耳，用五音不全來形容最恰當了。一首好好的歌，經過她的口一唱，便變調了，可說是難以卒聽之至。可是很奇怪，她總是旁若無人地唱，歡天喜地地唱，更妙的是，別人唱的時候，她還起身走過去，翩翩起舞起來 ── 那種在許多歌唱節目中常可看到的伴舞，而那些老人家也不以為怪，還給掌聲鼓勵。

　　我初來乍到，屬於新生，心中有話，不好開口，只好把疑惑吞進肚裡。

　　後來漸漸混熟了，不免把疑惑說出。

　　原來她一向就是如此。雖然唱不好，但是那麼自在自得，而且全身心投入，再差也是好的。這是大家共同的認知。什麼事，只要認真，努力以赴，沒有什麼可嫌的。誰忍心譴責或非難一個認真自得的人呢？我於是也有了這一認知，覺得她很好了。

　　於是，每次去，每次聽她自得地唱，盡情地舞，並且和他們一樣，在她唱完後，舞完後，不住為她鼓掌……。

2011/9/26　金門日報副刊文學

活在希望裡

「活的越久，領得越多。」

這句話，最先喊出的是保險業者，現在除他們喊以外，慢慢擴展開來，普遍為一般人使用，尤其更適用於老人。

養老，靠什麼？靠早年在職場收入的儲蓄。這儲蓄，因為個人每每不能有恆心，所以有國家的介入，今天已到強迫儲蓄時代了。我們耳熟能詳的諸如公保、勞保、健保、農保、國保等等，都是的。除健保不領年金但省了醫療費用效果一樣外，都有現金可領，尤其分期領年金的更是「活得越久，領得越多」。這就間接產生了一個副作用：既然活得越久領得越多，當然要活久一點。為什麼人的平均壽命越來越長？除了經濟的繁榮、營養的充足、生活的舒適、醫療的完善等因素外，這或許也是一大助力吧！

物質上作用已不小，精神上更有大作用。為了領得更多，所以領取的老人會珍惜生命，照顧好自己的身體，不讓病痛來身上報到，每天心心念念要活得更久，讓自己活在希望裡。這才是大用。人不能活著而沒希望。人必須活在希望裡。簡言之，人靠希望而活存。老人更要活在希望裡。如果老人個個都有存活得更久之心，那麼，他們必定看待明天是光明的，期待明天會更好，則可以想像得到，這世界將是充滿健康和諧、安和樂利的。這是多麼美好的世界呀！

2011/9/26　金門日報副刊文學

遠離大餐

　　每年台北有個文藝重陽敬老餐會，相當隆重，我都參加；今年我缺席了。好些文友見狀，問我何故。

　　不為別的。為了遠離大餐。

　　八月八日到美國，九月八日回來。整整一個月，吃的雖然大多選中餐，但太甜太鹹，太多肉，又多麵包、漢堡之類，我胖了四公斤，血壓也升高。回來後發現，我立即踩煞車。人吃得太好太甜太鹹是不行的，尤其是老人，尤其是老人又兼發胖，怕血脂肪太多，怕尿酸過多患痛風，怕血管硬化阻塞，怕心血管疾病，怕糖尿病⋯⋯。

　　我從來平日多吃蔬果、豆類、鮮魚，少肉，早餐吃蕃薯，外加適當運動，身體一直維持不胖。我現在已經七十三歲了，走起路來，仍然健步一如常人，十公里路走起來不喘不累。內子常向人說，我結婚時穿的西裝，不管哪個時候，我都照穿不誤，不會穿不下。她要我吃胖些，不然年紀大了，瘦巴巴的，尤其臉部會爬滿皺紋，不好看；我卻一直給當耳邊風。我認為健康最重要，一直吃食控制得宜，並作適當運動。

　　我九月份有三個餐會，十月份有四個餐會，吃下去會如何？逼不得已，我只好放棄三個。照顧身體重要，何吝於情面、甘食？最多禮到人不到就是了。別以為大餐好。那是有

喜慶或早年經濟不好用以打牙祭的。那時代或有其需要，現在則是引發肥胖、疾病的致命傷，棄之不足惜！發胖的人，除了少動外，主要的就是不忌諱口欲。明知道不能貪吃，說忌口不吃說得好好的，一見到食物，還是受不了誘惑，好像吸了毒了，好像中了邪了，還找藉口說「寧可吃死，不願死不吃」，或說「吃了，發胖再做減肥」。

　　今年初夏，有一天傍晚，我去公園作運動時，聽到一位五十幾歲男子，在旁邊告訴一位四十幾歲中過風的女士，說防治之道，要多吃蔬果，少吃肉。他說他每次去吃大餐回來，必定想法把吃進去的肥油等髒物處理掉。問他如何處理？他說，泡茶、檸檬汁或酸醋喝。這或許是好辦法。總之，遠離大餐是沒錯的。

2011/12/13　金門日報副刊文學

說含飴弄孫

　　古來有所謂含飴弄孫之說，認為那是老人和孫子間的家庭和樂事。其實以現代醫學觀點來看，這不是好事。

　　小孩子年幼，很可能不會自己咬嚼食物或咬嚼不完全，吃食效果欠佳，甚至噎著了；將食物弄碎了，幫助其吃食，這是合理的。古時候就是由老人咬嚼，吐給孫子吃，稱為吐哺。但是這其實大有問題在。

　　一般說來，小孩子尚處發育階段，尤其幼兒，身體較虛弱，抵抗力不足，容易被病菌傳染；一旦被傳染，致生疾病，痛苦難免，還會影響生長。這是誰都知道的。偏偏老人，年紀大了，身上帶菌率極高，尤其是慢性病，由嘴巴傳染的機會更大，像感冒、腸胃病、肺炎，及由口腔傳染的牙周、齲齒等。當然不是說每個老人都如此，但大致說來是沒錯的。還有，有個說法，說夫妻有夫妻臉，父母子女和祖父母孫子女常長得很像，心性和行為也常有這現象，是同一個工廠製造出來的，其中互相吃口水關係最大。這不是不可能。只是捫心自問一下，就說有這些優點，把病痛如同遺傳傳染給下一代，孰輕孰重，應該可以評估一下吧！很多人是一家某代有人有那種病，便生枝散葉，一直傳衍下去。這或非不是拜「含飴弄孫」之賜吧！

　　人老了就是老了，別不認老。這是老天的安排，不能違抗。重要的是，為了下一代或下下一代，摒除舊有的陳規，或有其必要。父母祖父母愛護照顧子女孫子女是天經地義的，就像子女孫子女孝順父母祖父母也是天經地義的。但是老人必須自制，勿做含飴弄孫的事！那是愛之適以害之的事。

2011/12/13　金門日報副刊文學

處處有愛

　　他是一個七十幾歲的老人，他的身子那麼瘦弱，而且一隻腳不良於行，走起路來一跛一跛的，自己幾乎已經自顧不暇了，卻每天傍晚時分，用輪椅推著他中了風的妻子，到公園裡兜風。除非天氣不適合，下雨或太熱太冷，否則幾乎不曾缺席。每次去公園作運動，每次為他們那恩愛的情景，感動得幾乎要流淚。這不僅是我，所有去公園休閒的人都有這感覺。

　　其實，公園裡，像這樣的風景何止於這一個？隨時都在上演，隨時都可看到：

　　一個撒嬌的孩子，賴在地上，哭鬧著。他的祖母怎麼賠小心怎麼勸他起來，他就是不起來，直到他想要的目的達到了，才肯起來。那目的，許只是一小塊糖，許只是一個他想要的小玩具，那個哭鬧法也許叫旁觀者覺得很不合理，想走過去給那孩子一頓教訓。

　　一個某知名公司的董事長，穿著體面，小心翼翼地攙扶著他年老不良於行的老母親，一起慢慢走。他在公司呼上喊下的威風全卸下了。一個沒注意，老人家出差錯了，他還慌急地賠不是，惟恐招來一頓罵。那必恭必敬誠惶誠恐的樣子，真叫人動容。……

常聽說「清官難斷家務事。」常聽說「家不是一個講理講法的地方，是一個講情的地方。」的確有道理；不然古來二十四孝的故事，有好些不合理不合法的，仍能長久流傳，是怎麼來的？其實，何止家？只要和情感有關的事，差不多都是的。不合理，不合法；但一方願打，一方願挨，你有幾條命也不夠氣掉，不夠氣死。

其實，這樣的風景，不是公園所專有的。人間到處都有，譬如有窮老兵，一生省吃儉用，積了一筆錢，捐助偏遠窮鄉學校購買學生課外讀物，設獎學金，幫助他們求學上進；譬如有人捐出器官救助需要器官的病患……。

其實，何止人間已爾？人類之外也常可發現。譬如袋鼠以其育兒袋養育牠們的寶寶；譬如母狗養護貓子……。

世間到處有愛，不止人和人之間，人和其他萬物都有愛的彝行，可說處處有愛。

2011/12/13　金門日報副刊文學

復　健

　　鄰居吳先生於早上騎機車上班途中發生車禍，送醫。他的人生便走入另一個階段了。

　　那時，他正好六十歲。雖傷得不輕，所幸閻王拒絕了他的報到；可是此後的路不好走。醫師的建議是，要做復健，每週到醫院做兩次，最重要的是在家自己做，要勤練各種動作，不可懈怠。只是他做不到。

　　他是家裡的長子。他父母婚後連續生了兩個女兒。在那個重男輕女的時代，生了兩個女兒後，急於生個男孩是相當順理成章的。在這樣的企盼下，他的出生，給家裡帶來了極大的喜悅，祖父母父母的寵愛是可以想見的。自小他要什麼就有什麼，甚至讀初中時已是一個問題學生，逃學、抽煙、喝酒、偷竊、調戲女生、強迫借錢、欺負同學、打架……樣樣有他的份。出了問題，他父母便出面解決，就沒事了，以致養成了他依賴別人的習慣，凡事靠父母，靠親人，靠兄弟姊妹。婚後則靠妻子，除在一個小小工廠做薪資低微的輕鬆工作外，一切都是「飯來張口」的。

　　就是這樣，他自己做復健是做不到的。沒奈何，他妻子給他請了一個來自印尼的外勞幫忙。由於原本的依賴性，一切便全依賴那個外勞了。他還是不自己做復健。外勞催他，

他反而不給好臉色看。外勞沒他辦法，而且要忙於打理他的起居飲食，只得隨他的意，樂得輕鬆。他竟至連上廁所也要外勞扶著，一般的走路更別提了。

　　時間過得真快，一晃，十年已到。其間雖鑽法律縫隙，強留這個外勞，一再違法僱用，卻已到「機關算盡」，再沒他法了。她非回去不可，而因依賴太深，別的外勞他不要，家裡的經濟也正好已到窮途末路，沒能再請別的外勞。他為這想得精神有些錯亂，重入醫院治療，在病房大鬧，猛喊八國聯軍來了，要他妻子快躲，把他移到安全的地方……。鬧到他妻子沒辦法，怒從心起，心一橫，乾脆不理他的胡鬧，由他自去。

　　沒想到，就從外勞走的那天起，他自己竟勉強自己學走。起先是靠枴杖，辛苦地慢慢一拐一拐移動身體，也摔了幾次，然後漸漸走起來，終於能自己走了。當然沒能完全正常走，但至少已可以自行走路了。

　　世上儘多像這樣的人。不是他沒有能力，而是自己不想奮發，什麼事都要一意依賴別人，以致自己的能力被埋沒。這種人正是最需要復健的。當然，讓他依賴的至親也有復健的必要。

　　2011/12/13　金門日報副刊文學

餓死的

　　是某名人辦的一個喜宴餐會，場面相當不小。這種餐會，如果不是自己事先約好幾個人同桌，常常會和不相識的人同桌。

　　今天的情形就是這樣。這一桌，大約只有一半是「我們」一夥的，其他就是不相識的了。

　　席間不知誰提到了節食減肥的問題，引起了熱烈的討論。都說古時大家一心一意，以肥胖為美為幸福，當時大家常以「白白胖胖」稱讚他人身材，尤其用來稱讚別人家的孩子，意指其父母富有，好福氣，可以養育出那麼一個胖孩子。那時這是很好的好話。那個時代，經濟較差，吃食不好，油脂不足，每有營養不良現象，遇有喜慶大餐或逢年過節便是大家大量「灌油」的時刻，總是希望把自己「養肥」點；現在則相反，經濟好了，每每吃得營養過剩，很多人太胖了，不止婦人家，連大男人都大剌剌地「懷孕」，挺著大肚子。其結果是：節食呀，抽脂呀，減肥呀，什麼的，尤其吃食需特別注意，講究少肉，多蔬果，控制體重，有的人嘴饞，大膽地吃大餐，提出一個很有名堂的口號：「寧可給吃死，不要死沒吃。」然後花錢吃藥減肥，到美容院做美容減肥，真是無奇不有。

　　說到後來，有一個相當年老的人說了一件很叫人警醒的事。他說，在他們蘆洲，有一個獨居老人，平常很注意飲食，尤其很能節制，身材細瘦，大家都稱讚他這是現代標準體格，只是似乎氣不足。後來有人發現他突然沒出現了。他們好奇地到他的住處找，才知道他死了。這下大家慌了，紛紛猜測他可能是什麼病致死的。最多人猜他致死的原因，可能是心臟病突發。但是結果醫師說他是餓死的。他說，「所以不要一味節食。節食減肥要有一定的節制。和運動過度以致過勞死一樣，過度節食是有害的。」

　　其實，過猶不及。做什麼事，適度為上。不要太迷什麼。

2011/12/14　金門日報副刊文學

長線與短線

　　世人每多愛操短線，不欲長線。不僅股票市場如此，其他各方面也類皆如此。其實果真短線較好嗎？那是眼光淺短使然。看看股票市場吧！很多人都說，散戶十個有九個輸。原因何在？不作長線作短線也。與其作短線跑來跑去，只偶而瞎貓碰到死老鼠，賺了些零頭，然後虧大款；不如選每年會配股配息的好公司股票，長期下來一定賺。這才是投資，簡言之，就是投資好公司，經之營之，自己賺錢，也貢獻社會國家。股票市場乃基於此而有其存在的理由。艾倫·巴菲特不就是個好例子嗎？大多數的人都知道這道理；但是做不到。甚至曾經有人說，「這道理我知道；但是如果做長期，股票開盤這段時間我做什麼？」這太離譜了，根本就無與為言也。

　　做學問不也如此？哪有學問一天或短期可以成就的？非真積力久不成！寫作更是如此。要寫作成功，須多少時間和精力投注其中？要看多少書？要積多少經驗？要花多少觀察和思考的功夫？文筆又豈是一天一時可以練就？難道寫作可以操短線投機嗎？做其他事情亦然。天下哪有一蹴而及的事？感情的培養能一時一刻而成嗎？至於人的成長，那更不用說了。從小小不懂事的嬰孩成長起，經過兒童、少年、青

年、壯年……那必定要花很長的時日呀！要經歷無數的風霜雪雨呀！要走許多崎嶇不平的道路呀！要嚐許多酸甜苦辣的滋味呀！

　　寫作的朋友一定很有經驗。他可能不是很有才華。不少人或許比他早開始寫作；但是他們操短線，很快像一顆流星，殞落了，早夭了。但他以堅強的毅力，持續不斷地寫，經歷許多孤獨的煎熬，走出來了，成了一棵茂盛的大樹了。他有他豐碩的成果了。這可以很明顯看出，短線是不行的，是投機，長線才是正道，才是投資。最後的成功必屬於長線的投資人。

　　「羅馬不是一天造成的。」推論出來，就是長線較能成功。其實這道理誰都知道。需要的是去實踐。

　　2011/12/14　金門日報副刊文學

謹防遭詐

　　詐騙案件越來越多。詐騙集團祭出的詐術越來越是五花八門，令人眼花撩亂，防不勝防，連高級知識份子、大學教授甚至退休的將軍、警察人員也遭騙，比較弱智者或老人更是被鎖定的目標。

　　今年七月，我就碰到過一次。起先對方假冒是中華電信公司人員，來電話說我的電話費過期了還沒繳。我說前兩天才繳呀。他說我有兩個電話，一個繳了，另一個還沒繳。我說我才一個電話。他說另一個是設在三重，那個電話還是用的我某銀行的信用卡設置。我說沒這回事。他竟然說出設置地址，大概是被冒名設置的，叫我大惑不解。他提議我去電信警察局報案。我說沒聽說過電信警察局，不知怎麼去報案。他說他可以為我轉到電信警察局。我說請幫我轉。然後轉過去了。是個自稱陳警官的人接的電話。簡單幾句後，他開始問我銀行信用卡要不要止付。我說當然要。他就要我給他住址，他向銀行止付後，寄給我三連單，然後問我哪個銀行有開戶，存多少錢。我不疑有詐，一一據實回答。這時我大女兒靜靜在分機那邊已聽出是詐騙集團的詐騙，過來跟我暗示。我這才警覺出，便掛了電話；否則被套去個人資料，後果便不堪設想了。事後去電中華電信公司查證。中華電信公

司人員說我沒欠費，那是詐騙集團的騙術，要我向防詐騙中心備案。

　　不是沒碰到過。第一次是我服役即將退伍時，已近五十年了。剛好是端午節前，我從服役的台北回到南部。一回到家，父母便說一個自稱同部隊的人到家裡，說我摔傷了，請他回去取醫藥費。就這樣被騙去了錢。此後，有不少次都險些被騙。有借用香港公司之名的，有借用士林地方法院的，有以郵局打電話說我託人去領錢的，不一而足。被吵得煩了，也曾給作弄回去。印象很深的是，對方來電話，說他是桃園某郵局，問我是否請人去提款，她要查對一下身分。我知道那是詐騙，她要查對資料是要套我的個人資料，便把電話掛斷。但對方不死心，隔幾天就打來一次，我煩了，便以英語回答，有一次以法語回答。對方沒辦法，只好不再來吵了。

　　現在這個時代，社會複雜，好人壞人臉上沒加註，加以科技發達，詐騙方法已到不用其極的地步。活在現代，面對五花八門的詐術，應時時警覺，防範詐騙，尤其不能有貪念，不要把個人資料隨便告訴他人，否則一個不小心被騙，甚至連生活都過不下去，那就苦了，老年人更是，不要老本被騙光了，那就麻煩了。

2011/12/14　金門日報副刊文學

順　暢

　　交通能順暢是很好的事。交通要順暢，道路必須寬敞平坦，而且車輛不多，不塞車。這在鄉間或許可能；但是住在都市裡，那就難了，出門總是塞車、塞車、塞車，很有行不得也之感。這是現代人的一大困擾。

　　人體有和道路相似的器官，特別是血管、胃腸和尿道。這三個器官和道路太相似了，必須暢通無阻；否則就出毛病，老年人尤其如此。血管是身體循環系統，血管內的血液專司輸送營養給身體各部門，讓它們得以運用；胃腸是消化系統，將人們吃進去的食物消化後，交由血液輸送出去；尿道則和肛門一樣，司排泄作用，使身體內的髒物廢物排出，不致停留在體內為害身體。

　　血管的毛病可以統稱為心血管疾病。人萬一患了心血管疾病，性命每每難保，大家最常聽到的是中風、心肌梗塞，搶救不及，可能即赴陰曹，即使搶救得快，也常成為半身不遂或殘障。這是很可怕的。防範之道，飲食是最重要的。少吃肉類，多吃蔬果，適量飲水，並不斷做適度運動，讓血管不硬化，不阻塞。

　　胃腸的毛病最常出現的是消化不良、腹瀉、便秘等，胃癌或腸癌則是人人聞之色變的疾病。多吃蔬果等多纖維食

物，少吃肉，適量飲水，定時排便，不讓吃進肚子裡的食物消化後變成的廢棄物，堆積太多，造成毒素，為害身體。另外，做適當運動也是必要的。

　　尿道和肛門是人體排泄的主要器官。時時保持暢通更是必要。平日喝進身體的水經腎臟過濾後，出口就是這裡。水喝得多是很重要的，可以中和吃進體內的食物，成為尿液，順利排出體外。尿道發炎、男性攝護腺炎和更嚴重的攝護腺癌是較常見的毛病。醫生的建議還是多吃蔬果，多喝水。

　　如同道路必須順暢，我們要把這三個主要器官保護好，讓它順暢，大概就不會有大毛病了。最主要的工作便是保持順暢，不讓阻滯，而多吃蔬果，適量喝水，少吃肉，適度運動，則是最要做到的。願大家都健康，尤其老人特別要留意。

2011/12/14　金門日報副刊文學

他全身發光

　　他是個會發光的人。他全身發光。

　　慢著！別以為我這麼說，是指他是個富有的人；也別以為我這麼說，是指他得了什麼獎或被表揚之類的榮耀；更別以為我這麼說，是指他像某些愛現的明星或少女那麼珠光寶氣……不是的，都不是的；相反的，他，年已六十幾歲，背有些駝，皮膚有點赤褐。他，個子不高，才約一百六十公分。他，瘦瘦的，看起來差不多不到六十公斤。除此之外，他長得也不瀟灑俊俏；相反的，他有點擺腳，走起路來，一拐一拐的，腳底會在地面稍微拖一下，嘴巴有點歪，講話聲低沉，夾雜不清，像是大舌頭，有時得細心去聽才搞得清楚他說的是什麼。這是他五十歲那年中了風，經過醫師急救，還醫了好長一段時間，僥倖保住了性命，他又很有耐心做復健，才慢慢轉好，但沒有完全痊癒，到現在他仍在耐心做復健運動。在這個小公園裡每天傍晚幾乎都可以看見他來做運動。他固定做的是空手轉腰，做漫步機踏步活動，稍稍做肩頸鬆弛輪動機運動，還有就是步行了。其實，他做的運動不多，因為沒能自在運動，他常常困難地做著動作，有時受限於身體的狀況，他還是勉強去做。雖然他的動作並不頂正確，他還是照做，勇敢地做，不理會旁人的眼光如何。

　　我說他是個會發光的人，他全身會發光，你別罵我耍你，亂掰。其實我這是有根據的。

　　雖然他身體有些殘缺；但是他不理會別人的眼光，認真努力地做自己的復健工作。這就很發光很值得佩服了。年老或身體有殘缺能自己照顧好自己，不去連累他人，本來就值得佩服的。他更令人佩服的，也是我之所以說他是個會發光的人，他全身會發光，是他還盡其所能地為別人做事。當然可以想像得到的是，做公益的事。譬如他並不富有，但碰到有人需要救助，他會自動捐些錢。譬如風太大，把樹木的枝葉吹掉落公園的步道，他會率先去清除。譬如現在是秋末冬初，公園裡的樹木落葉紛紛，他常常就會幫忙做掃除的工作；工作人員請他別做，他照做不誤。……所以，我說他是個會發光的人，他全身會發光。

2011/12/14　金門日報副刊文學

遺　產

林則徐曾說：

> 子孫若如我，留錢做什麼？賢而多財，則損其志；
> 子孫不如我，留錢做什麼？愚而多財，益增其過。

這是給世人尤其老人很可遵循的話。

對後代子孫，凡人都一樣，每每勤儉持家，儉腸斂肚，冀能多所積蓄，留予諸多錢財，讓他（她）們過好日子。那是血肉相連的親情使然，無可厚非。誰不疼愛子孫？誰不希望自己的後代過好日子？有的人甚至連骨連肉都捨得施予，譬如子孫病入膏肓，尚且願割肉輸血捐肝，只求子孫能身體健康，無病無痛，生活愉快，平安度日，更何況是區區錢財？

然而留錢財給子孫，其實可能過多於功。

何故？

聽說過吧！那些「了尾仔囝」，每每是富裕人家的後代。他們是因從小就被寵壞了，要吃有得吃，要穿有得穿，要什麼有什麼，於是浮華習性上身了。他們天不怕地不怕，反正有老子好靠，有家產好靠，有家世好靠，便不知勤儉為何物，好吃懶做，便不知道德為何物，非非亂做，最後必然落敗。

　　曾有一個朋友告訴我，他家曾是岡山的富豪，早年曾擁有貫穿岡山鎮那條公路兩旁所有土地；但是他就讀大學時卻只得選擇當年公費的台灣師大，而且還得去兼家教才能度日。原因無他，他的前代人把家產錢財散盡了。誰實為之？錢財！富豪家世！

　　相反的，我們也聽說眼見，許多貧窮人家的子孫，小時候受很多苦；但是安守本分，進德修業，克勤克儉，終於發達了，成為富貴之人了。貧窮，正「所以動心忍性，增益其所不能」！

　　貴為世界大富豪比爾‧蓋茲和艾倫‧巴菲特深知此道，對其第二代便實施「窮養哲學」，讓他們過一般人家甚至貧窮人家子女生活。

　　為人父祖的，留給子孫的，不在錢財。這些有形之物不是最重要的。要留給的應該是無形的東西。那就是培養其德行，使其受良好的教育，擁有樂活的本領。這樣的遺產才是好的，有益的。有形的錢財遺產是會被課遺產稅的；這些無形的遺產不但可以用之不竭，而且不須繳遺產稅。何樂而不為？

2011/12/14　金門日報副刊文學

田園何處是？

　　現代是個工商業極度發達的時代，想要歸隱田園幾乎已是夢想。不是嗎？都市裡是高樓大廈林立，一棟比一棟高，彷彿在競賽，車輛一部比一部大，彷彿競相噴發穢氣，製造污染，吵雜聲一聲大過一聲……。都市裡沒能找到田園隱居似已是一個定論；但是鄉間就有可隱居的地方嗎？還是沒有！那些高樓大廈一棟棟往鄉間移居。它們在都市裡漸漸無立錐之地，漸漸被排擠到鄉間。不巧農人為了保護農作得以順利生長，競相噴灑農藥，除讓農作物染毒外，還讓鄉間的空氣污染不遜於都市，土地和水資源也漸漸被污染，誰還能找到一塊乾淨之地隱居？想像陶淵明那樣退休後去田園吟唱「歸去來兮，田園將蕪胡不歸」，談何容易？

　　二零一一年十一月二六日，我曾在高雄文學館以「田園鄉土，富比世」為題發表演講，與聽眾以互動方式，探討這一議題。許多聽眾熱烈參與，紛紛發表心聲，抱怨台灣已沒地方可以「歸園田居」。

　　是呀！台灣只是一條小蕃薯，土地那麼小，人口那麼多，污染尤其嚴重，工商業那麼發達，何處覓田園歸隱？有人提及台灣地區只剩金門是個養老的好地方，政府極力促成，有許多鼓勵措施，例如在籍者乘車船減免費用，例如老人年金

比別地方多，例如電信費用比較低等等，有人已捷足先登，移居金門。是的。台灣地區唯一的養老好地方非金門莫屬。但是軍事管制地區開放後，為發展觀光，高樓大廈已在如雨後春筍群起，甚至有金沙大地國際渡假飯店這類巨型觀光大廈佔地為王，其前途將如何？非不讓人耽心！其實，全球各地都面臨繁榮與環保相互拔河的問題：這場精彩的超世紀大競賽／哪方會贏呢？（註）大家且睜大眼睛仔細瞧吧！

那麼，何處覓田園安居？

我的結論是，不必以實地為選擇標準。任何地方都可以。重要的是自己的心態。演講結束時，好些聽眾拿我的散文集「打赤膊的日子」，要求題字。我題的是：

不必身邊有田園

只要心中有田園

這是我對現代在台灣的人退休後歸隱的看法。自古以來，有所謂「小隱隱田園，大隱隱城市」之說，正是我的結論。真的，現在台灣好些都市的污染程度，已不再比鄉間嚴重，甚至比鄉間乾淨，更有許多措施是適合退休養老之用的。譬如公園，那些地方有許多休閒設備如運動器材、琴棋設備，譬如活動中心，有些都市更特別設有老人或長青活動中心，譬如有圖書館，譬如有社會大學，等等等等，只要有心利用，不怕沒地方去。讀書、運動、琴棋、書畫、欣賞音樂及其他休閒活動，不愁沒場所，除場所外，還有許多朋友和指導人力，退休養老歸隱樂樂哉！

註：這是拙詩「拔河」中的句子。

2012/1/20　金門日報副刊文學

獨立老人

　　世人每有孤獨老人、獨居老人之說，我則捨此而不由，獨鍾情於獨立老人。

　　獨立老人不是說，這樣的老人必須離群索居，不與人往來，排斥他人。那是孤獨老人或獨居老人。獨立老人也與家人親友和諧相處，融入社會，仍然致力貢獻社會，只是有些行事作為不與人苟同，有所為有所不為：

　　1、可以和家人同住，卻不思全然依賴他們，除非急需幫助，否則自我獨立，一切食衣住行盡可能自理，尤其照顧好自己的身體健康，不麻煩他們，不成為他們的負擔。

　　2、有「兒孫自有兒孫福」的概念，對兒孫的言行作為尤其子女兒媳的管教孫子女，持旁觀建議指導的態度，適可而止，不去過度干涉，滋生家庭風波。子女兒媳是新的一代，成長和教育背景與老一輩人不同，社群交往不同，觀念容有差異，強行干涉介入，代溝必然滋生，生活便生齟齬，日子或會不好過。

　　3、別以大家長的態度呼上喊下，也別對某個子女兒媳或孫子女特別偏愛，造成家人的不和諧，尤其對孫子女不必下太重的感情，以致造成溺愛，寵壞孫子女。

　　4、對其他親友，持必要的親近與保持一定的距離之態

度。不必拘泥於新舊朋友之分。舊朋友有其一定的既成友誼關係；但每常有「刻板印象」與恩怨；新朋友則否，可以結交，說不定更能增加樂趣，增廣見聞。

5、在金錢往來方面，要嚴守分際，如有借錢的，該說不的時候就說，不必礙於情面，尤其擔保，更要勇敢捍衛自己，不要把自己弄到窮途末路，無法生活。

6、端正自己的行為，不該去的地方不去，不該說的話不說，不該做的事不做。別隨便和人鬼混，敗壞自己行為和名譽。

7、樂觀進取，不必怕死，也不必忌諱死。「你吃吧！你終究會吃死掉的。」有人這麼說。確然！人，有生必有死。死有何可怕？何必忌諱？老年已近黃昏是沒錯，只要自己過正常日子，不愧於己於人於天，死生由命，沒有悲觀的理由。黃昏時候，天邊仍有燦爛的晚霞。何悲觀之有？許多疾病是因心理而起。簡單說，短命每由悲觀造成。

8、至於遺產，有形的實體遺產可免，如有餘裕，拿去作公益吧！重要的是，早年有給子女良好的教育，使他們在道德、言行與維生上有良好的無形遺產。

2012/1/20　金門日報副刊文學

習慣，習慣

　　有人說，一個人的一生成敗，決定於他的個性；我則以為一個人的健康與壽命甚至成敗決定於他的習慣。這裡只說健康與壽命。

　　習慣，習慣之中人也大矣哉！戒除壞習慣，養成好習慣，允執厥中，是我人健康和長壽之所必需。

　　以吃食來說，手邊剛好有一本新北市政府印發的農民曆，該書第 16 頁便印有如下「聰明吃 11 要訣」：

1、多喝白開水，少喝含糖飲料。

2、細嚼慢嚥。

3、正常三餐。

4、低脂少油炸。

5、天天五蔬果。

6、均衡飲食。

7、睡前三小時不進食。

8、每餐 8 分飽，不過量。

9、多吃天然未加工食物。

10、不吃零食、宵夜、甜點。

11、避免菸酒。

　　這些吃方面的好習慣如能培養起來，想必可受用不盡。

　　這只是食的部分。其他衣、住、行、育、樂以及行事、道德修養、求學等各方面，如能從小就養成好習慣，不染惡習，對身體的健康和壽命必有極大裨益。這些好習慣的資料其實不難獲得，父母、親友、學校、師長、社會、報章、雜誌、電視、廣播甚至網路等等，唾手可得，關鍵只在自己有心與否；獲得了，還需去養成為習慣，終身奉行不渝，所謂「天行健，君子以自強不息」也！不要以為東西易得就隨便對待，有些身邊易得的小東西，其實是珍寶。

2012/1/20　金門日報副刊文學

棺材裝誰？

真被正男的太太說中了。

是正男六十二歲那年，他把樓梯間牆上的小廣告招貼撕下開始的。他認為那小招貼貼在牆壁上有礙觀瞻，便給撕下來。他本來就這樣做了，沒想到這次是鄰居郭家男人貼的。他原是個小混混，長得獐頭鼠目，脾氣奇差，好勇鬥狠，氣勢凌人，動不動就生氣罵人，甚至打人，一年三百六十五天常在換工作，幾乎不到一個月就換一次；最近他接了一份幫人分派張貼小廣告單的工作，有一張他給張貼在他們樓梯間的牆上。正男不知道，給撕了下來，就這樣觸怒了郭家男人。郭家男人便開始找他麻煩。

那天，正男上樓梯碰到郭家男人從樓上下來，故意撞了他一下，他沒給理會，不料對方沒事找事地說他故意撞他。那正是所謂「打人的喊救人」。他氣不過，回應了幾句，對方便用不堪入耳的話罵他：

「老伙子，走路都走不穩，沒路用了，趕緊死了算了。」

在房裡的他的太太聽見，出門把他勸進家裡：

「別理他！你又不是不知道那種人。」

「他說我老伙子，趕緊死了算了。才不知道誰會先死呢！」

　　「不要和這種人爭辯。棺材是裝死人的，不是裝老人的。以他那種德性，我們就睜著眼看誰先進棺材吧！」他太太雖這樣說，其實她也動氣了。「我們就忍一忍。像他那樣的人，你就睜著眼看他吧！你是想當好勇鬥狠的倚劍少年，還是能忍的張良、韓信、宮本武藏？」

　　結果是，意外地，日前郭家男人為了和人爭奪一名酒家女，被對方糾結三個人砍死了。正應驗了正男太太的那句話：進棺材的是年輕好鬥狠的郭家男人，不是年老的正男。她一語成讖。

2012/1/20　金門日報副刊文學

財有餘裕

　　老年人有好些傷腦筋的事，身體機能衰退是其一，力衰血氣不足是其一，病痛加身是其一，與家人及親友的關係是其一，遺產的分配更是其一。

　　好些人為遺產傷腦筋，怕分配不均啦，怕特別喜愛的人分得少啦，怕下一代是了尾仔囝啦，為此，有人竟至想打破「富不過三代」的魔咒，乾脆留給孫子女，思前想後，怕這怕那，惴惴不安，終無寧日，甚至夜晚失眠，「坐下就哈氣，倒下就睏不去」……唉，苦嘔！

　　其實，人，「生不帶來，死不帶去」，為那些身外之物的有形財富、「阿賭物」傷腦筋作什麼？可是，既已有了財富，不能不處理呀！莫非要像某些大富翁那樣，讓親人在他死後去你爭我奪，鬧得沸沸揚揚，口舌相激相爭而外，還鬧到法院，遺人笑柄？後悔呀後悔！早知如此，不如乾脆不那麼奮力工作，儉腸斂肚，省吃儉用，一生貧窮度過，沒有那些財富，不致帶來那麼多煩惱。可是，一生貧窮，要過苦日子呢！情何以堪？於是有那麼一些有形的遺產。照理說，遺產應該是一個人在世時維持生活必需所剩的「剩餘價值」。這些「剩餘價值」是人所難以控制的。將來事難料，有的人說不定今天還好好的，明天就走了；但是有的人則雖然諸病

纏身，卻說不走就是不走。如果他不留些積蓄，萬一他的子女又不奉養，怎麼是好？

　　處理有形遺產，最好的辦法，應該是「財有餘裕，則以捐贈」。

　　孔子說：「行有餘力，則以學文。」留給後代最好的遺產其實是「行」和「文」，其他都是廢物。換句話說，「行」和「文」才是真正的遺產，是無形的財富。這些無形的財富才是可貴的，可以一生取之不盡，用之不竭。它們應該包括家庭、學校和社會所給予的教育，譬如賺取生活必備的技能，與人和諧交往為人處世的能力，可以實踐道德，履行法律，奉獻社會，促進社會進步，等等等等。只要給予這些無形的財富，他們可以在這世間存活，自立立人，自達達人，就夠了。這些對後代才是真正的遺產，才是可長可久的；至於那些財富、「阿賭物」之流的有形遺產，是短線的，是多餘的，沒必要！

　　所以，給後代無形的財富，真正的遺產吧！可別孜孜不倦於賺取有形財富，斤斤於留給後代有形的遺產、「阿賭物」。「財有餘裕，則以捐贈」是上策！捐贈的對象當然是公益。

2012/1/20　金門日報副刊文學

淚　眼

范先生的兒子把他的孫子彥彥帶回去了。他們一走，他立即躲進房裡，淚流不止。傷心呀！

難怪呀！他和孫子彥彥間已建立了好深的感情了。雖不是死別，卻是生離！

他的兒子明利，當年他也是極疼愛的，供他吃好的，穿好的，還讓他上當時被稱為最好的一家私立學校，盼望他受最好的教育，將來能出人頭地；沒想到他卻「非非亂做」，好的不學，盡和那些不良份子混，最後和那些「不良份子」一起「飛到台北」去，勉強謀到了一個勉強可以謀生的小事，結婚後理所當然地住在台北。那是不得已的。他在那邊供職呀！那年他離開時，范先生也同樣是一把鼻涕一把眼淚的。他的孫子彥彥今天離開他，正是當年他兒子離開他時的翻版。

不久，明利夫婦為他生下了一個孫子彥彥。他長得活潑可愛，外表和小時的明利幾乎同一個模樣。他高興得什麼似的，恨不得把他帶到身邊來。幸喜明利先開口，一歲才過便說他們忙不過來，要把彥彥送回老家請父母照料。這對他來說正如魚得水，很欣喜地答應了。

小彥彥確實長得活潑可愛。雖然餵吃大多都由他太太做，洗澡、換衣服也是，哭鬧起來他更無能為力，他卻爭著

和他玩。他整天彥彥東彥彥西的，嘴裡時時都是彥彥，逗彥彥笑，推著嬰兒車到處去串門子，用單車載出去兜風，最讓他樂不可支的是，在他的老朋友面前「獻寶」。有人或有意或無意地說彥彥「古錐」或「乖」，他便樂得什麼似的，要什麼他都可以給，有什麼好吃的東西，彥彥絕對擺第一，有什麼好玩的他都捨得買，只要口中咿呀一聲，他便說彥彥會說話了。那情況，正如俗話說的「生一個囝仔瘋三年」。

　　時間不停過去，他兒子要給接回去了。他初聽到時，整個人幾乎崩潰了，晚上幾乎睡不了覺，睡過去了便作夢，夢到他的孫子被帶回去了，每每夢到被叫醒過來。隨著彥彥回去的日子越接近，他越不安，漸漸進入魂不守舍的地步，有時像失了神，呆楞在那邊，很想告訴他兒子別把彥彥接回去，卻又開不了口。那樣子真是度日如年。

　　但是要來的終究會來，那一個要命的時刻終於來了。他強忍著心中的不捨和悲痛，讓彥彥被帶走，然後立即躲進房裡，讓淚去流；怪只怪他把感情注入得太深了。

2012/1/21　金門日報副刊文學

賈伯斯談死

　　賈伯斯，一個科技大家，蘋果共同創辦人，讓蘋果的 i 系列產品風迷全球，卻於不久前因癌症去世，消息佔據了大眾媒體大幅篇幅，一些有心人士也以之大炒特炒其新聞。他的傳奇故事一下引起眾人極大的關注。幾乎同步出版的他的自傳也幾乎讓讀者搶破頭。他的魅力果真不小！

　　他雖然是個科技大家；但是他不僅在尖端科技有大成就，他之如此受關注，受推崇，有他的道理在。我以為他是在人文理念上有卓越的表現使然。由於我已是老年人，他對死亡的讜論特別吸引我的注意。他說的好些話語，很能切中肯綮，特別是對死亡的看法。首先他肯定死亡的必然：

> 如果你把每一天當作生命的最後一天，總有一天你的假設會成真。

　　這句話其實是真理。正如有人說的：「你吃吧！你終究會吃死掉的。」他這句話標定，凡人必死，沒什麼好畏懼的。人一出生事實上就在向死亡邁進。所以他進一步說：

> 死亡是我們的歸宿，沒人能擺脫。我們註定會死……

　　他不但不怕死，而且接著大力讚賞：

死亡很可能是人類的一項發明。它推進生命的變遷。舊的不去，新的不來。

他進一步解釋說：

死亡可能是生命的最佳創新，因為它將徹底改變你的生命。死亡讓老人消失，從而為年輕人讓路。

我於一九九八年提前屆齡 6 年退休，當時除了想讀我愛讀而未讀完的書和寫我未寫的東西外，我就是有這樣的想法：讓位給年輕人。但是好些人可能想不通這道理。記得我退休後的第二天，在一輛國光號汽車上，碰上一群前往墾丁旅遊的中原大學女生，告訴她們這理念，她們就說：「沒想到現在有人會有這種想法。」「死亡讓老人消失，從而為年輕人讓路。」我雖不是死亡，但用意很明顯；只是那群年輕人竟沒能體會。其實，古時就有人有這理念了。看，龔自珍在他的詩「己亥雜詩」就這樣寫了：

落紅不是無情物，化作春泥更護花

且正視死亡吧！死亡沒什麼好怕的。那是每個人必到的歸宿。坦然面對。該來的就讓它來呀！

2012/1/21　金門日報副刊文學

眞假健康食品

　　隨著時間的過去，觀念的改變，世人日漸注重健康，加上商人的宣傳熱炒，健康食品越來越風行了。

　　維他命可能是最早最普遍為人所知的，種類可能也是最多的，慢慢傳衍開來，品類就多了：維骨力、善存、雞精、養樂多、燕麥片、燕窩、鈣片等等，可說是五花八門，琳瑯滿目，讓人目不暇給。大賣場裡可以買到，超商裡可以買到，藥局裡可以買到。很多人迷上了，買了一大堆，放櫥櫃裡，放冰箱裡，好些人更給放在床頭櫃裡。

　　有沒有效呢？

　　大概有一部分是有的；但是不少人是買了放著，一方面是趕流行，一方面是自我安慰。大家都在買，「輸人不輸陣」，我不能不買，買了，在人前可以吹一吹，吹得上天下地，誰也沒法給我抓包，至少跟得上流行，也自我安慰一下，嗯！我吃了好像有效呢！不但如此自我安慰，還在別人面前大吹他的關節比以前好了，不常痛了，肌肉不酸了，神清氣爽了……。反正那些東西功效不是一下可以明顯看出的，有效沒效誰也摸不清。其實那可能都是自欺欺人。

　　這些情形，大多是宣傳之罪。是商人利用大眾媒體操縱製造出來的。那跟以前打拳賣膏藥的及現代的詐騙集團根本

沒兩樣。

> 當文化
> 由商人、政客
> 操縱
> 便會越來越差。

希臘詩人 Potis　Katrakis 在他的一首詩裡就這樣寫著。在這商業導向的時代裡，大眾傳播媒體往往為生存，不得不向金錢低頭，乃被操縱了。這是利用「群眾心理」製造出來的。能否改善，商人的良心是很關鍵的。不過最重要的還在大眾的心理。

我常想，為什麼大眾要被一兩個商人騙得團團轉呢？商人為了賺錢，昧著良心說謊，大眾仍甘願被騙。這是何故？我想不外無知。但是還是有人明知仍甘願被騙。這就奇了。

其實，健康食品應該是在自己身上。健康應由自己來決定，不是市售的那些。老一輩人應該還記得早年的說法：曬太陽是獲得維他命 D 的最好方法，現在卻聽不到這聲音了。健康醫學上也說，吃維骨力要曬太陽和運動才有效；但是有多少人聽進去了？而運動最補的說法，還堂堂列入教科書。為什麼這些都敵不過商人的宣傳？我還是要說：健康除食物的控制外，需由運動來助一臂之力，才能成功。專靠市售的健康食品，無效！

廣告？廣告！

聽！那個婦人又在電視上大剌剌地吹了：

「有這罐，全身的健康攏顧透透！」

她真是一個天生的宣傳高手，權威的代言人。看她那氣勢，有如武則天再世那麼權威、專橫、武斷，「全國沒地比」。她為哪個商品代言，我沒去注意，所以記不得，想當然是藥物或食品吧；但她那個氣勢，太強勢了，喊出的話語，深深印入我的腦裡，叫我深刻記憶不忘。不過，誰相信她說的呢？嗯，可別太武斷。如果沒有人信她，這廣告不早就下架了？

世人就是這麼奇妙。又不是古時神仙傳說中的仙丹，哪有「全身攏顧透透」的藥物或健康食品？但就是有人去買，大概是「沒魚蝦嘛好」的心理吧！反正試試看嘛！在台灣這樣的廣告豈只一個？隨便一抓都可以抓出一大堆：

以前有一個廣告說：「有感冒徵兆的時候，請服用 xx，以免二次感冒。」才「有感冒徵兆」，沒第一次感冒，哪來第二次感冒？連藥廠都搞不清楚，其產品能有多少藥效？用膝蓋想都知道；可是就有人相信，以致該藥品廣告現在改了說詞，仍在播放，藥品仍在市上出售。我想這可能是，產品確實有效，只是廣告企畫搞錯了。或是隨著我的遷居，我從南部一直給批評到北部，該藥廠聽到了，改變說詞？

　　還有一個美容美體商品廣告，已經好久沒出現了。是否該美容商品工廠倒了？我未之知。裡頭有一句說：「女人如果有小肚子，那就糗了！」台語小肚子是什麼？可能有好些人不知道，尤其年輕輩。那就請到小吃攤去叫一盤小肚子吧！店夥計會給你一盤什麼？雄豬的生殖器！如果有哪個女人真的長出「小肚子」，那才真的糗呢！這廣告我也從南部給批評到北部，後來不知為什麼下架了。

　　這只是其中一小部分，其他事例還多著呢，要全部列舉，沒那工夫和必要。就此打住。

　　老人家，年紀大了，身上的機器用久了，難免「萎去」（磨損），便這裡酸那裡痛的，甚至全身「零零落落」，像骨頭一不小心就要散掉，成為醫院的常客，藥品的大買家。但是買時要用心分辨，不要被不肖商人騙了。有好些老人相信不實廣告，購買購物台的藥品，堆得一大堆，有些怕被家人子女知道，還藏在床頭櫃、床底下或什麼私秘的地方，不相信醫師的診療。我家鄰居有一位吳姓老人，他就是這樣的，還不高興他太太的勸說。這樣不但花錢，有時候反而丟了性命，那才叫「賠了夫人又折兵」呢！

　　不過，話說回來，廣告不信歸不信，至少它對我們小老百姓還是有一大貢獻：我們的報紙、廣播和電視，如果不是廣告為我們付費，我們沒能那麼便宜或免費閱讀、收聽或收看，尤其電視，廣告是以秒計費的呢！其功勞不能不給記上一筆。

2012/1/21　金門日報副刊文學

身葬何處？

　　有了年紀的老人，每每忌諱說到死字，認為那是不吉利，那是不歸路。

　　沒錯。那是不歸路。但是，死真的那麼可怕嗎？其實，人一出生就命定邁向死亡，誰都一樣。何懼之有？何不吉利之有？

　　還有，絕大多數的老人都計較死後身葬何處。有人千方百計要死後仍住華廈，穿華服，連佩飾都不放過，還要陪葬，不僅金玉財寶，還有動物或甚至活人陪葬，真是無所不用其極。隨便可以舉出一大堆例子：如秦始皇陵墓、明陵等等都可作見證。也不是只有中國如此，歐美也一樣，到歐洲旅遊，去看古蹟、教堂，那些有多少不是古帝王等人的陵墓？尤其歐洲，幾乎每一座教堂地下都埋葬著某些「名人」，如著名的英國西敏寺就是。那些「名人」整天都在「臥」等去參觀的人。去參觀，誰不是去和死人相見面？

　　死後其實什麼都不知道了，還要選擇什麼？說有天堂，那也不外是宗教勸人為善的藉口。那是好意。將來的事，誰也不知道，誰也沒能預料。至於死後事，那更不用說了。所謂「茫茫兩不知」也。既然如此，何必計較那麼多？那麼，死後身葬何處？我以為我們來自大自然，死後當然也是回歸

大自然最好。

　　西藏人死後舉行天葬，不愧為聰明的做法；只是太殘忍了一點。但是，話說回來，死本來就是很殘忍的事呀。植物不會發出哀叫聲，它們的死就不殘忍嗎？至於動物，就更不用說了。在牠們臨死時，那種掙扎和哀嚎，看到的人不覺得殘忍者幾希？其實，凡有生命之物，包括所有動植物，有生必有死；否則，以人類來說，不就要「怪老子」一大堆？不就要人吃人？

　　不需什麼儀式去擾人，不要土葬去佔一席之地，不用築墳造墓去浪費資源，只要不造成太大的的污染或衛生問題，就自自然然回歸到大自然吧！那多好！一切總歸空，何必以空為實事？眼睛一閉，什麼都放開了；如能臨門一腳，回饋一下大自然，更是大功德一件。還是龔自珍的話最好：

　　　　落紅不是無情物，化作春泥更護花。

　　化作「春泥」吧！化作肥料吧！死後還對大自然作些回饋吧！葬身何處都沒關係。

老同學會

　　一九六四年大學畢業，至今算起來已超過四十七年，同班同學會除了幾次特殊情況，每年都舉行。我除了回去南部故鄉住那些年，因路途遙遠，較少參加，幾乎年年出席。今年於十二月廿七日舉行，地點在圓環香港醉紅樓。我雖然主張「遠離大餐」，卻敵不過早年同學之情誼，違背誓言，前去參加。從接到通知那天，我便期待著這天的到來。

　　這天早晨，天下著雨，是夜晚下雨的延續，只是下得小了。我乘公車前往時，雨便慢慢越下越小了。

　　年年見面，其實大家的情況多少都知道；但是每年總有些人因故沒能前來，大家又各自東西，除少數經常聯絡較熟悉者外，也有好些可談的。

　　在門口，正好碰到茂雄。他以前在經濟部任職，後來走路有些異樣，持續一段日子覺得需要就醫，經醫師診斷為脊椎有問題，建議手術，沒想到真正原因竟然是腦部長瘤，冤枉白挨了刀。現在走路需要倚賴柺杖，還一拐一拐的；但是他很堅強，每天做很特別的復健──到他家附近的游泳池在水中慢走。一個當年常和我一起打排球的運動健將，竟落到這步田地，唉！

　　「你去年怎麼沒來。」進到裡面，一碰到當年棒球、籃球、排球、足球和橄欖球兼好的木雄，我劈頭就問。

　　原來去年他記錯日期了。「唉，老了。」他回答。

　　是的！是老了。一個個都七十開外了嘛！一部機器用久

了都會磨損，何況長骨長肉的人呢？人一老，身體機能衰退乃是必然，這裡酸那裡痛之外，諸病還來親熱，今天來的扣除已過世的，共得十五個，卻有少數有病痛，如阿彬今天早上才在照騰的陪同下，去榮總跑了一趟，木雄有平衡的問題，走起路來每有傾斜歪向一邊之苦，不小心就會不自覺地撞上什麼，阿彬已是「無敵鐵金剛(鋼)」……缺席的如結髮是穿鐵甲的鋼鐵戰士，登堂患了不住搖頭的搖頭症，最苦的是子忠，他原本好好的，卻走路不小心摔了一跤，躺在洛杉磯某醫院病房，常尿屎不禁，遭美國的護士痛罵……「龜別笑鱉無尾」，我就於去年和前年作了兩次攝護腺手術，在那之前，常身體不適，患眩暈，甚至到青藏高原旅遊時，在沱沱河路邊摔下一層樓多高的溪澗，額頭縫了十二針，回到新莊才拆線呢！好在「危機就是轉機」，「小厄克大難」，從那時起，身體向好的方向「回歸」。

　　當然，不是全然這種負面的場景，一開「老同學會」便成老病的展覽會，也有輕鬆的一面。不知是誰先引發的話頭──回憶起當年的男女「情事」。當年有些配對的，如木雄追美珍、葉仔追淑敏、一成追碧珠等事，當事人竟笑著坦然承認，毫不閃避。是俗話說的，人老了「老骨硬梆梆，老皮不過風」，臉紅看不出來了？是事過境遷了？還是回到當年青春年華了？我倒贊成，但願是後者。如果現在七老八十了，還能回到當年年輕小夥子的活潑熱情，該有多好！即使常鬧笑話，毋寧甘願。

　　是呀！如果能回到當年年輕小伙子的活潑熱情，該有多好！那就不用憂懼下一年會有人離去大家，永遠不來參加了。

2012/3/5 金門日報副刊文學

不能有人掉隊

才說嘴呢，卻打了嘴了。不是嗎？才說過「遠離大餐」的話，現在卻又犯了，上個月二十七日才在這裡相聚，短短不到一個月，今天又來了，不是打了嘴了是什麼？可是人生真有些事是很無奈的，為了總統大選投票，大學畢業至今四十七年多才第一次再見面的西華從香港回來，歡迎餐會我能不出席嗎？

西華當年也是屏東到台北讀大學的女生，在班上，我一直坐在她的後面一個座位。許是同樣來自屏東，我愛和她開玩笑，印象很深的是，常常上課時，從後面作弄她，有一次太過分了，拿圖釘輕戳她的右手臂，以致她驚嚇得幾乎叫出聲來。好在她還控制住叫聲，不然怕就糗了。事後她還抱怨說我太愛逗她。今天她沒提這事，是忘了嗎？還是要和我私藏那個秘密？在那麼多當年的老同學面前，我也不好意思提了。其實提一提，或也能增加一些回憶吧！

都是老人了，那麼久沒見面，有什麼好談的呢？當然多了。除當年的一些舊事，不外是這些年來的風霜雨雪。畢業後，在航空單位任職了幾年，她便飛到德國去求學，獲得碩士學位後，開始執教，並和她在校認識的丈夫結婚，然後生子，然後遷居美國，再遷居香港，直到而今。現在她已退休，

卻仍做義工，指導民眾一些語文課程。

　　由她開始，許多老人的話題也在其他各老同學間展開。哪一個的孩子在哪裡高就啦！誰什麼時候發生什麼情況啦！誰在國外落難啦！得意啦！老人應如何保健，如何注意飲食起居啦！……一個人的一生其實就是一部傳奇小說，一部很可探究的歷史，當然有很可談的話題。可以慶幸的是，四十七年多了，我們幾乎沒有人做出過於對不起社會的事。最後免不了談到病苦，得癌症的，患眩暈的，出不了門的，穿鐵甲衣的，罹搖頭症的，正在復健的，躺在醫院被「苦毒」的，再談到有同學已離開了。好好的一個雲儀，才從基隆市長的機要秘書退休三年，說走就走，怎不叫人唏噓嘆息？當然離開了的不僅他一個，正雄可能是最早的一個……還是木雄最「厚（多）話」。他以作結論的語氣傷感地說：

　　「喂！大家說好！要珍惜我們相聚的機會，好好保養自己，多活幾年，下次聚會不能有人掉隊嘔！」

　　是呀！不能掉隊呀！那就好好保護自己吧！

　　　　　　　　　2012/3/5 金門日報副刊文學

小心不蝕本

回南部，乘暇去拜訪舊日同事，沒想到第一個就給我捎
來不好的消息：「陳先生過世了。」

陳先生是我在新埤國中任教時我教務處的幹事。他是一
名大陳義胞，隨軍撤退來台的，住在玉環新村。開始時，我
很不習慣聽他的大陳話。那是江浙話，很難聽懂的。初時，
他每講一次話，我總請他再講一次，直到分辨得出他所講的
意思為止。後來，他每次和我講話，便都自動重複好幾次。
想當然他是知道他講的話我聽不懂，所以自動多講幾次。

這個給我不好消息也姓陳的同事，是因為我們談起近日
的生活，我說到每天傍晚我都去公園裡做運動約一小時，他
才想起的：「都市裡車輛多，你傍晚去做運動，要特別小心
車輛！以前在你教務處當幹事的陳先生，就是早晨到他家附
近的學校做運動，過屏鵝公路，被車子撞死的。」

這時他已遷居到潮州市區了，距我北遷以前的住處不遠。

別說都市了，鄉間也一樣，現代和以前不同了。以前車
輛不多，現在車輛已到「車滿為患」的地步了，出門隨時都
應該注意車輛的橫衝直撞，有時自己很小心注意，但是別人
不注意，車禍仍然會發生的。以幾年前我那次碰到的車禍為
例：我從萬坪公園出來，要橫過復興路前還特別看清左右兩
邊，因為沒有車輛，所以我安心地橫過去；沒想到才走到約

中心線時，一輛兩個年輕人同坐的機車把我從左後方撞上了。我橫過的地方，前後都有斑馬線，我是在斑馬線的保護下走的，卻也被撞了，尤其那機車駕駛還向我說：「我看到你旁若無人地橫過馬路，沒注意來往車輛。」我是因為橫過前先看清兩邊都沒車輛才走的呀，而且我又在斑馬線的保護下呢，哪知道他是怎麼飛過來的？真是衰呀！我竟會碰到見到我過路，沒注意到他騎機車過來，他卻不做踩煞車、閃開或其他緊急動作，睜著眼睛，直把我撞上。

　　還有一次，我騎機車走那附近的和興路棒球場門前附近，正騎到一輛計程車旁，該計程車竟打開車門，把我的膝蓋撞傷，然後兀自關車門走了，讓我到醫院治療了近兩週。真氣人！

　　這讓我想起一個我以前教過的學生來。她現在已是台中某高職的人事室主任。有一次，她告訴我說，她過馬路很小心，在十字路口，碰到綠燈她不過，一定要站在那裡，等綠燈轉紅燈再轉綠燈了才敢過。原因是，碰到綠燈時，不知綠燈已亮多久了，如果走過去，很有可能走到路中央時，燈號轉為紅燈了，危險！（註）不如多等些時候，等綠燈轉紅燈再轉綠燈了才過去。那就保險了。這似乎太小心了。但是卻有其道理在。

　　處處小心不蝕本，尤其老人，身體機能退化，行動較慢，更要特別小心。意外一發生，絕不會是好事。

　　註：現在紅綠燈都有計時裝置了，只要看計時就沒問題，不
　　　　必像以前需要那樣戰戰兢兢。

2012/3/5 金門日報文學副刊

數數兒

「一二三四五六……」每天傍晚，我都到公園裡運動，邊運動邊數著數目字，像一個才在學數數的小孩子。每項運動，看能力，或做一千次，便數一千個數目字，換另一項運動；或做三十次，便數三十個數目字，換另一項運動。有些有器材，有些則沒有。

漫步運動機上騰空漫步一千次，數一千個數目字。頸肩柔軟運動機拉一千次，數一千個數目字。腰部運動機旋轉一千次，數一千個數目字。仰臥起坐做三十次，數三十個數目字。以十個手指撐地做伏地挺身三十次，數三十個數目字。……一項運動做完換另一項，每天傍晚時分，約走一千步到達公園，先做柔軟體操作準備，然後做這五項，做完就回家洗澡，準備吃晚飯，時間約花一個小時。

會不會數錯？當然會，而且常常會。譬如有熟識的朋友前來打個招呼，譬如旁邊有人說話干擾，譬如附近突然發生什麼突發事件，譬如自己數錯亂了，寧可多做一些多數一些，不願少做少數。至於像劉半農「一個小小農家的暮」所寫的，小孩子數錯了，數成「一二三四五八六兩……」，則沒有過。我不是一個才在學數數的小孩子呀！

「你都做幾次？」

「一千次。你呢？」

「沒那麼多。我做不到。才五百次。」

「做幾次沒關係。能做多少算多少。要看自己的體能。有時身體狀況不好，也不必勉強。」

「對！依自己的體能和身體狀況來做。老人家，能做多少算多少，只要動了就好。人是活的。要活就要動。只要對自己身體健康有幫助就好。又不是和別人比賽。」

常常有這樣的問答在傍晚的公園裡飄揚。那是傍晚時分在公園裡很溫馨的話語，相互關切呀！也是健康的動力呀！

嗯，選幾項適合自己的項目，運動運動吧！尤其老人，尤其在這冬寒時候。人是要動才行的。要活就要動呀！

「一二三四五六……」做哪一項運動呢？沒關係。哪一項都行。隨著數數兒，雖簡單，健康卻能到身上來。「一二三四五六……」

　　　　　　　　　2012/3/5 金門日報文學副刊

微寒的河廊下午

今天下午，我們到河廊走了一趟。內人蜜子昨天就提議去河廊走一趟了。

在新莊，河廊原是一條臭水溝，叫中港大排。「大排」兩個字，顧名思義，就是專門收納各家戶排出骯髒廢水的大排水溝。它通常是髒臭不堪，蚊蠅諸多害蟲匯聚，每每為人所詬病，尤其雨季，那些臭水往往泛溢而出，到處漫流，除道路而外，還進入家戶，幾年前甚至造成頗大水災，附近的家屋，水淹到二樓，把一家相當大生意不賴的大賣場淹沒，存貨全部淹濕「泡湯」，以至關門收店，另一家則更嚴重，據說趕到地下室停車場開車疏散的人，因來不及開出，被淹死在車子裡。新莊人一提起這條河，幾乎人人皺眉。有一段時間我常在那附近出入，竟然也出現皮膚癢及泡疹現象，逼得我趕緊就醫，並遠離該處，才幸免於更進一步的「災難」。可是現在不同了。有關單位於數年前洽請專家規畫，整治這條「毒流」，聲稱要改造得比高雄愛河更好更美，更具休閒功能。那時我總認為「聽聽就好」，不寄予什麼厚望，每次從那旁邊走過，看著那些工人在施工，心裡總竊笑他們是「愚公移山」，白費力氣：沒用啦！沒想到幾年下來，我從那旁邊經過，到宏泰市場購物，傍晚到思賢公園做運動，越看越覺得似乎「八字有一撇」，好像真有那麼一回事。

　　終於在上月中旬，提早剪綵開放了。那時，我正到金廈作五日遊，未「躬逢其盛」。

　　我不知道這提早剪綵開放，是否如一些人說的風涼話，有政治作用？因為確實還有「尾巴」部分仍在施工。那是因為已擇好了吉日非提早剪綵開放不可，然後再做「收尾」的工作吧！但願如此。

　　可是，這工程確實做得不錯。這是不容否認的事實。

　　河廊全長二點三公里，原來的髒臭水流不見了，是開了引水道引走的，水變成清澈可以見底，是設了淨水廠給濾乾淨了。沿河道，在河床鋪了兩條走道，走道間有小水流或小水潭，底下鋪小圓石，流水看起來，清且漣兮，清且淺兮，可玩卻又顧慮到小孩戲水不小心掉下去會生危險，隔相當距離便鋪較大扁平石塊為過水道，水中還種有綠色水生植物，還裝有噴水設備，定時噴水，隔一段路程便設坐椅，方便走累了的人可以坐下來休息，也可三三兩兩坐下來閒聊，另外闢有各種景觀，牆壁上有彩畫，有小瀑布從河堤上垂下，兩岸則留下原來樹木，逢越河的橋便作各種造形設計，另有燈光設備，讓夜裡燈光燦爛。雖是冬寒時節，由於兩邊河岸高，寒風大部分被擋住，所以只感到微寒，沒有不舒適之感，真是美好的天然屏障。

　　原來是一條臭水溝，蚊蠅諸多害蟲匯聚，每每為人所詬病，一提起人人皺眉；經過設計整修，現在卻搖身一變，成了一個美麗的河廊，一個很好的運動休閒場所。事在人為。我又多了一個好去處。原來每天下午到思賢公園運動，也許我會改變到這裡來行走、運動、休閒。同樣是運動，這裡還兼休閒，更適合像我這樣的老人來。

2012/3/5　金門日報文學副刊

有備無患

　　寒流帶著冷氣襲來，大家終於嘗到今年真正的寒冷了。這次的寒流，近在咫尺的淡水竟低到攝氏 4 度，入冬以來前所未有的。

　　入冬以來，氣象預報已經報了不知多少次寒流要來，天氣要轉冷，甚至說會有多冷，卻都沒出現，以致叫人幾乎不耐煩，紛紛說氣象局預報人員鼻子越來越長。

　　其實氣象這東西是不易預測的，只能就其氣壓、氣流、風向和水氣等，依學理來預估，至於實際準不準，那就要由天來決定了，跟農民靠天吃飯一樣，尤其是以前，即使再高明的農民，天不給他飯吃，他也無能為力。美國是隔沒多久就報一次氣象，整天都在報，隨時更正，準確度當然就大了。

　　記得五十年前就讀東吳大學時，從南部北來的安基，租住在台北市城區，他就常常被氣象預報所愚弄。他每天很注意氣象預報，如果預報隔天會下雨，他就帶雨具，結果實際天氣正好和他所聽到的預報相反，天氣極佳，不見下雨；如果預報天氣是晴天，他就不帶雨具，卻下雨了。他常常被氣得七竅生煙，咒罵氣象局預報人員亂報；其實這樣罵並不頂對。氣象變化萬千，不是誰所能預測，所能左右的。重要的是準備。「凡事豫則立，不豫則廢。」只要天氣可能變化，

多準備準沒錯。多帶雨具只是麻煩點，並不怎麼吃虧，否則吃虧的是自己。至於寒冷，當然就是多穿些衣服來防備了。

年輕時候，身體狀況佳，淋些雨可能不會怎樣；年紀老大了，尤其需要特別注意。曾經在年輕時，出門即使帶了雨具，常常下雨了，仍然放著不用。那時代，交通工具普遍是機車。我常常把雨衣放在機車置物袋裡，下雨仍不穿，被淋得全身濕透，回到家遭家人「唸」，有時噴嚏連連，仍不以為忤。當時年輕，淋一些小雨或許還過得去，今天年紀一大把了，我可不敢了，有備無患；否則感冒、咳嗽、打噴嚏必然要來找的。何苦來哉？

俗語說：「天有不測風雲，人有旦夕禍福。」誰能知天？有備無患。不怕危險不來，重要的是要有準備，再麻煩都沒什麼關係，保護自己要緊。冬天正來，穿暖些，不要穿得不夠，受冷了，那就苦了。老人家呀！誰叫你要被時光欺負得變成老人家？

把這道理，移用於其他各方面，其實應該也是滿好的。

2012/3/6　金門日報副刊文學

明升暗降

　　大致說來，人的一生都有各自不同的階段，被稱呼自然與此同步，通常最早被稱為嬰兒，然後有各種不同的稱呼：小孩子、小朋友、乖囝仔、死囝仔脯、少年的、青少年、青年、俊男、美女、壯年人、老年人……，各階段有各階段的滋味。小時候被稱乖囝仔，通常心裡是喜孜孜的；如果被罵死囝仔脯，則是不快的。至於其他，就大多是中性的了。

　　記得那些年，正是年輕時候，住高雄現在已回歸地下「老家」的陳姓前輩家，我和另一位已遷居東京的鄭姓朋友常去，他總要他的兒子叫鄭為土伯子叔叔，叫我則逕呼阿叔。那是多神彩飛揚的日子呀！每次想起，都有要飛上青天之感。可是隨著歲月不時以冷臉相對，先是半推半就，接著是強力推進，然後，不管三七二十一，猛烈推進，只差一點沒被推倒……漸漸地，有人稱我為阿伯了，然後又升級被稱阿公了。

　　阿伯是我的子姪輩最先稱呼的，然後不熟的年輕輩也加進來稱呼了。「阿伯，請坐。」在公車上是最常聽到這句話了。一開始會覺得這些小子可教，會讓座。後來到醫院看病，醫師也這麼叫，心裡就開始起毛了。莫非年紀真的老了，要與疾病「常相左右」了？直趨死所了？沒想到最近我又升級，被叫阿公了。那是我的外孫女最先這麼叫的；然後，似乎會

傳染，偶而也有別人這麼叫了，然後，可想而知，越來越多人叫了……。

被稱阿公似乎是升級了。敬老尊賢嘛！可是回頭一想：是嗎？似乎又不是。此中有真意。那可是明升暗降！對！是明升暗降。明裡，年紀是一大把沒錯，該被敬老，對方應該也是沒有貶意，而且極具尊崇；但是，暗裡隱含的意思是，你老了，沒用了。這不是明升暗降是什麼？被明升暗降了，聽在耳裡，整個人骨頭似乎都要散了；其實也沒那麼嚴重，不往那邊去想就是了嘛！

越來越多人以阿公稱呼我了；我則不敢敬謝不敏。只是我但願仍是一個小伙子，能夠活蹦亂跳，即使被罵死囝仔脯也高興；但是時不我予，歲月不留人！奈何？

不過，這些是人生必經的過程，不管接不接受，任何人都要碰到，只有坦然面對，尤其更要快樂地走完這最後的一程 —— 不但快樂地走完，還要勇敢、有尊嚴、有意義地走完。

2012/3/6　金門日報副刊文學

換　班

「該換班了。」大概換班的時間到來的前後，將下班的人和來接班的人心中都會有這念頭。

換班其實是很平常的事。軍隊裡，守衛站崗是有時間性的，一小時，兩小時，雖時間長短不等，但時間一到，就換班。很多單位也是這樣，譬如公司裡，不管日班或夜班，時間一到就換班，譬如學校裡，教師上課，一節時間到了就下課，下一節換別的科目，輪到另一個教師來上，譬如大廈的守衛，也是輪值上下班，譬如政府機關，主管或其他職位，不管是總統、院長或工友，也常常會輪換，譬如一家的大家長，年紀大了，就退下來，讓下一代來掌舵。

換班，有其優點，也有其缺點。優點是，一個人在職位上待久了，即使久病也可能成良醫，熟手必定比生手辦起事來效率高，速度快，不需像生手一樣，可能還要去摸索一段時間才進入情況；但是，事情往往是兩面的，一個人在位久了，疲憊和厭倦的現象，往往會出現，而且因為熟門熟路了，偷雞摸狗的事每每會出現，抄捷徑還沒關係，怕的是貪污腐敗，便不好了。刀子有兩面刃，優缺點難免。如何換班換得恰到好處，恐得交給智慧了。

換班另一個大問題是，該換上的人不願意或該換下的人

不願意。這可麻煩了。該換上的人不願意還不致有太大問題，最多再找一個就是了。該換下的人不願意，問題可就大了；莫非要兩個人一起在職位上，變成曾有過的「雙胞」，前往接洽事務的人無所適從？

換班還有一個問題，是該下的人和該上的人知覺出現誤差。這會造成效率的失準。如果兩人都沒知覺，那還不很嚴重；如果該下的人有下的知覺，自動下了；但是該上的人沒有知覺到，沒去接，這空檔怎麼是好？譬如軍隊裡的守衛站崗的人知覺到該下崗而走了，接班的人沒到，那不讓敵人可以長驅直入了嗎？譬如一個機關的首長知覺到該下而走了，但是該上的人沒有知覺到，沒去接，那莫非要鬧空城計了？這些現象，大部分的人會認為是極少數中的少數，其實不見得。最典型的是家庭。一般家庭裡，不分古今中外，大家長大部分總是沒知覺的，而該接的子女也往往沒知覺。大家長通常還在「發號施令」，「頤指氣使」，而子女仍惟大家長之命是從，甚至造成無能，大家長離開後，家庭便陷入即將或實質「崩盤」的困境，那就不好了。大家長該有年老就該退位的意識，提早培養子女接手的能力，使家庭能長久不墜。這才是正道。

2012/3/6　金門日報副刊文學

學到老

　　二〇〇二年八月,「世界詩人」的前身「國際漢語詩壇」,以中英對照方式一口氣刊出我的詩 24 首,引發國際詩壇對我這無名小卒的詩極大注目。其中最推崇的是住在利物浦的國際名詩人、翻譯家兼評論家米塞特(John Francise Missett)。次一期該刊刊登了他給該刊總編張智的信,指出:「中國台灣出了一個真正的詩人,許其正。」在受寵若驚之餘,我乃請求該刊張總編給我米塞特的地址,寫信向他致意。從此,我們開始通信。但是麻煩的事接著而來。他的字潦草到不行。他不但字母大小寫不分、書寫體和印刷體攪在一起,而且把 m、n、w 三個字母和 b、h、p 三個字母及 u、v、w 三個字母寫得幾乎不分。每次他來信,我總要看十次以上,才勉強猜得出他寫的是什麼。雖說歐美人士寫字較隨性,這種毛病頗普遍;但是他這寫法可說太離譜了。我為此而惴惴不安;逼不得已勇敢地向他道出。他不但不生氣,而且提議改用電腦通信。我雖硬著頭皮答應;但是在這之前,我對電腦一竅不通,只好開始從頭學起。這期間,我邊學邊用,學到哪,用到哪,慢慢地,比較不很難的我就會了。

　　是怕難?是不好意思啟口請教他人?許多人到一定的年齡便不學新東西了。這是不少人無法突破的罩門。舉個例,

好些很有才華、以前寫得很好的作家，這些年為什麼作品越來越少了？不是他們突然沒了靈感，寫不出作品了，是環境改變了。電腦還沒普遍使用前，大家都用手寫的投稿；現在電腦一普遍使用，許多報紙雜誌為了節省成本，少僱用員工，不歡迎手寫的稿子了，一般普遍歡迎打好電子檔傳送的稿子。這種稿子一到，不必費很大力氣，即可叫出編輯。至於其他方面也是如此。一切電腦化、機械化，省了好多人力。

　　這，問題就來了。在這樣的時代裡，不跟上時代的腳步行嗎？那只好走上被淘汰的路了。有人列出將來會消失的職業十種，其中就有一種是打字員。如果真的如此，打字員不學習新的東西，行嗎？

　　要跟上時代的腳步，不外是學習，學習，再學習！

　　自來有所謂「活到老學到老」的話。這是沒錯的。人本來就需要終身學習。不要怕難，不要以為年紀大了就不好意思啟口向人請教。韓愈早說了：「聞道有先後，術業有專攻。」「生乎吾前，其聞道也，固先乎吾，吾從而師之；生乎吾後，其聞道也，亦先乎吾，吾從而師之。吾師道也，夫庸知其年之先後生於吾乎？」孔子自謂「吾不如老圃」，「吾不如老農」。人就是要這樣謙虛，「不恥下問」，才能進步。很多老人常以「走過的橋比你走過的路還多」的態度處世，錯！那是自閉。

2012/3/6　金門日報副刊文學

祭而豐？

　　年節是各國各地都有的。其慶祝的方式則視各國各地風俗習慣而定，每有其特色，成為一種民俗藝術。其中有一項則為各國各地所同。那就是普遍吃大餐。一般情況都是大魚大肉。其說詞，往往是敬祖先或鬼神，感謝他們的恩澤或庇佑。這情形，古今中外皆然，幾無例外。譬如歐美的大節慶聖誕節，他們是吃火雞大餐，譬如我們的過年過節，有各種粿品、雞鴨魚肉等等。

　　今天世界已發展到高科技時代了，人類已進入太空了，阿姆斯壯的一隻腳已把許多神話踩碎了，我們還要緊抱著那些神話不放嗎？

　　如果說，要祭拜，祖先和鬼神才會保佑我們，越是「祭而豐」，祖先和鬼神越會保佑我們，我是不信的。那是迷信。那是賄賂。難道祖先和鬼神可以賄賂收買？「祭而豐」，應該是我在拙作「那個手勢」（註）裡所說的：「拜什麼？拜嘴孔啦！」那是我年輕時某年中元節先父要我拜，我隨口回應的一句話。為了這句話，我差點被先父賞一個巴掌，幸好先父只舉起手作勢要打我。「後來才知道，那個手勢……原來是掙扎在傳統和現代間的手勢，繫著假權威和真呵護的手勢，猶豫在嚴責和慈愛的手勢……。」

　　年節需「祭而豐」，除感恩而外，在當年藉以「拜嘴孔」，我以為真的有其必要。那時，經濟差，吃食不足，常會有採野味、野菜和野果之舉，所以補不足也，利用年節的機會補一下並無不可。這在歐美也非不一樣。但是在今天，經濟已極度發達，物阜民豐，要什麼有什麼，一般人也同樣可以享受到古時皇家貴族的美食，以致屢受文明病的親熱，什麼心血管疾病啦，糖尿病啦，骨質疏鬆症啦，過胖症啦，好些男人還吃得大腹便便，像個懷孕的婦道人家，然後花錢花時間，看醫生啦，吃藥啦，減肥啦，做復健啦，無所不用其極，卻還要像那些貧困的年代，找機會拜拜，吃大餐，大魚大肉，何必呢？

　　不是嗎？那些自以為高人一等在媒體上被公開宣揚吃燕窩、鮑魚、魚翅的人和參加吃那些食品的人，現在如何？身體有比別人好嗎？不但沒有，相反地，倒聽說他們生了這個病那個病在哪裡住院哩！春節來了，好些人大魚大肉的結果，胃腸病、心血管疾病、呼吸道疾病加流感等驟增，據報導，幾乎增一倍，讓醫院急診室人員要加班，要被擠爆哩！我一向主張吃清淡些，近年來主張「遠離大餐」，吃蔬果，少肉，多節制，多喝水，勿暴飲暴食。這原則尤其老年人不可等閒視之。當年人們視為賤食的菜類如蕃薯、蕃薯葉、洋蔥、蕨類菜、番茄、紅蘿蔔、韭菜、蔥、蒜、薑、高麗菜、花耶菜、烏甜仔等，已漸見被「賤取如珠玉」了。這不是沒道理的。可見已有先見之人先行卡位了。這是吃食的新趨勢，對老年人尤其有其必要。當然，還需強調的是，要做些適當的運動喲！

　　　　註：「那個手勢」，一般被定義為小品文，我自己則認為是散文詩，
　　　　才 500 字左右，發表於 1997 年 3 月 31 日出版的台灣時報副刊。

2012/3/6　金門日報文學副刊

老榕樹撐著綠傘

　　故鄉那個不到十戶人家的小農村，有一棵老榕樹，枝葉繁茂，綠蔭披覆頗廣。它給我極深印象和感情。不論人到哪裡，我會永記不忘。每每我會以詩文來記述它。最具代表性的是這首「老榕樹」：

撐著一把巨大的綠傘　　　　任時間拉長鬍鬚，刻下傷痕
越撐越開越大　　　　　　　反以鬍鬚飄蕩其自在
向四面八方　　　　　　　　反以滿身傷痕宣示其堅強毅力
無私無我地
送出濃濃綠蔭　　　　　　　無私無我地
送出披覆　　　　　　　　　送出濃濃綠蔭
　　　　　　　　　　　　　送出披覆

自身也曾經歷　　　　　　　這把巨大的綠傘
風霜雨雪，也曾經歷　　　　越撐越開越大
諸多災難　　　　　　　　　欲撐成蒼天
卻一無畏懼，凜然挺立　　　以遮風遮雨遮烈陽……

　　一直以為，天下榕樹，沒有比故鄉這棵更大的，沒想到這次到金廈旅遊，在金門金城鎮泰仰路看到了一棵更大的大榕樹，遂自嘆「古井水蛙」。那才是天下無敵的大榕樹。前

面這首「老榕樹」曾發表於二零一零年九月二三日出版的金門日報副刊文學，現在才自忖，可能是編者認為我寫的是這棵大榕樹使然吧！

這棵大榕樹，其樹形之完美，樹幹之粗，樹身之高，披覆之廣，真令我嘆服！「安得廣廈千萬間，盡庇天下寒士盡歡顏？」杜甫的詩句不自禁從我心裡湧出。這棵大榕樹的披覆，誇張點來說，可比喻為杜甫所謂的廣廈吧！這真是超大綠傘，可比為廣廈。它靜靜地挺立在那裡，飄蕩著長鬍鬚，看起來生活得健康快樂，輕鬆自在，釋出廣廈般的涼蔭。我曾前後兩次遊金門，看過風獅爺，嚐過著名的高粱酒、貢糖、麵線，走過大街小巷，參觀過寺廟、宗祠、隧道、擎天廳、古厝、太武山、莒光樓、八二三戰史館、烈女廟、八達樓子、民俗文化村、馬山觀測站……古老的，現代的，民間的，最近開放的軍事設施如翟山隧道等等，不可謂不多，看到這棵大榕樹，它一下便在我心中，蓋過所有一切，佔據了所有的位置，也把我故鄉那棵老榕樹的位置取代了。許是跟我故鄉那棵老榕樹有關吧！許是移情的關係吧！想它會永遠長留在我心中，不會消失的。

但願這棵大榕樹能抗拒所有的風雨烈陽，所有的病痛災難，永遠健康，永遠挺立，永遠活得自在！更願所有老年人都能活得和這棵大榕樹一樣，健康，快樂，自在！

2012/4/11　金門日報副刊文學

水中有眞意

「此中有真意，欲辯已忘言。」

陶淵明的「飲酒詩第五首」是以這兩句作結的。我套用他這兩句，曰：「水中有真意，欲辯嫌多言。」因為言者多，我只簡單「言」之如下：

水之於宇宙之於人大矣哉；可是一般人卻認識不足，以致漠視之，或視而不見。我就曾經是其中一個。小時候，我不知地球有十分之七的部分是水域，是後來才知道的。小時候，我糊里糊塗地喝水。那時，有泉水從地下自動冒出，曾經在路上，口渴了，就著就喝；曾經在田裡，口渴了，就著就喝；稍大後，喝過各種各類的水。有一次，那是我在學校任教了，瘋排球，玩到天黑了，準備回家，卻口渴得要命，乃到學校廚房去喝水。剛打完排球，氣喘如牛，拿起大水瓢盛水就牛飲，沒想到一口大口的水竟噎在我的喉嚨，人幾乎昏了過去，好久才回復。從此，我對喝水就小心謹慎了，必定要口渴了才喝，而且每次喝少許，只求解渴；後來，常有頻尿現象，怕常上廁所，更是盡量少喝；終於患了攝護腺肥大症，於大前年和前年手術了兩次。第一次失敗，回診了半年，醫生拿著超音波片子給我看，一大片沒刮到，卻告訴我那是死角，刮不到，要我再手術一次，用雷射。我聽了，回頭就走。明明是一大片，哪是死角？然後找台北榮總，結果

是兩天就出院了，張醫師告訴我，要多喝水。他原來只要我回診一次就好，我因為第一次手術的經驗，夢魘未除，多去了一次，他竟給我臉色看。我想，姑且聽他的，多喝水吧！就這樣，我的攝護腺毛病沒了。不但這樣，術後的便秘沒了，我手臂和小腿原有嚴重的掉皮屑，常被內人譏為蟾蜍皮，跑得不見蹤影了，少許老人斑也一樣不見蹤影了。我這才體會到喝水的重要和好處。

　　於是，我認真地找關於水對人體的重要和好處以及如何去喝。以下是我找到並經體驗認為可用的知識：

　　1、水不僅可以解渴，輸送各種養分、排出廢物、調節體溫、潤滑關節、保持皮膚彈性等才更重要。

　　2、水是處理我們身體毛病的良藥，可以去除頭痛、貧血、高血壓、筋骨酸痛、耳鳴、四肢無力、胃酸過多、便秘、糖尿病、咳嗽、肝臟病、腎臟病、結石症、眼痛、喉病等，戰勝疲勞，減肥美容，甚至對抗癌症。

　　3、不是口渴才喝水。健康的喝水法是，除了不牛飲，盡可能一次喝完一大杯，起床就喝一杯，所以促進排便，排出躲在體內想作怪的廢物及毒素，餐後半小時喝水，每小時最好喝二百cc。

　　4、喝的水要是溫的。炎炎夏日，很多人喝冰水；但是冰水喝下去，體內需耗費能量去熱溫，反而對胃腸不好。

　　5、一天喝水量約為二千 cc，太少恐不足，過多也不好，過猶不及！

　　人沒有氧氣是不行的，沒有水一樣也是不行；兩者同是人所不能或缺，較之其他因素更行重要。

2012/4/11　金門日報副刊文學

路在嘴裡

　　台語有一句俗諺：「路在嘴裡。」意思是，到任何陌生的地方，認不得路，開口問，就可問出路來。我覺得很受用。

　　到陌生的地方，要找人，人生地不熟，難免認不得路，暗自摸索，不如開口問人。以前到鄉下，更方便，按住址問路名戶號可能仍問不出；當地人幾乎都相識，或許問偏名還更能問出來。

　　這道理其實很簡單，誰都懂得；說這些簡直太囉唆了。

　　是的。太囉唆了。我要說的不只是這個。

　　人，出生時是懵懂無知的。這也是眾人皆知的。從懵懂無知開始，初時，聽別人說話及講道理，由別人的言行舉止學習模仿；然後進學校受教育，慢慢開啟智慧，學習知識，以致懂得許多道理。到一定的年齡和程度，有好些便沒得明顯學習模仿的了，有許多東西是隱而不顯的，也沒有可資學習模仿的，至於更高深的學問和道理，有時會幾乎無可學習或模仿。到這時怎麼辦呢？

　　問！問是唯一可行之道。其實也是唯一可走的路。朱光潛曾說：「創作是舊資料的新綜合。」這些舊資料大部分是「不恥下問」的堆積。發明不也如此？借用他人的舊資料每每可成就大創造發明。

　　可是有不少人，到一定的年齡尤其到老年，便噤聲不問了。為什麼？自以為「老大」了，不好意思問了。那麼簡單的道理都不懂？都要問？還問別人，笨死了！羞死了！

　　不好意思問是阻礙一個人進步的最大障礙。要進步，即使「上窮碧落下黃泉」，都要「動手動腳找資料」，都要「打破砂鍋紊（問）到底」！不管對方是如何身分，是何一性別，年紀是大是小，不恥下問是正理。

　　且看小嬰兒吧！他出生還不會講話，便跟著旁人咿咿呀呀地講，別人笑他，他何曾不好意思過？才不管呢！就這樣，他學會許多東西了。不只是講話而已，舉凡人生必要的一切他都學到了。豈大人尤其老人而不如一小嬰兒？小孩子之所以逐漸進步，大人或老人之所以逐漸鈍化，其分別就在這裡。很多人說，學外語，年紀越小，越能學得。想來非無道理。

　　問是一個人進步成長的良藥！學問，要學就要問。何不多問？問出路來！問出大道理來！問出大成就來！哪個大發明家不是從問中走出來的？他們先天就有作發明家的基因在嗎？愛說笑！

2012/4/11　金門日報副刊文學

親近與離棄

　　都說老年人像機器用久了會有磨損現象出現。那麼，是否一個老年人就可以不保養，任由機器繼續磨損下去，不予理會？不，不但不應任由機器磨損下去，不予理會，而且更要特別注意保養。不保養，身體的機器會加速磨損，以致提前離去。人，「好死不如歹活」，即使是黃昏時候，還是有美麗的夕陽好欣賞的。為什麼要放棄？那不叫自暴自棄了嗎？常聽說成功者，堅持到最後五分鐘，何以作為一個人活在人世間，要半途而廢呢？也許到這一把年紀沒能有什麼大作為；但是至少好好走完這段路嘛！做事要有始有終，作為一個人何獨不然？

　　我常說，人要對自己的行為負責；同樣地，也要對自己的身體負責。行為的好壞，肇因於習慣；同樣地，身體的好壞，也肇因於習慣。我們日常的生活習慣有多少不好的？有多少好的？好的要繼續保持，並努力親近；不好的則要想法離棄。這是每個人為人的主要原則。

　　一般說來，應該離棄的不好習慣約如下述：

　　1、多油、多鹽和多糖：老年人每多慢性病，而慢性病則多肇因於飲食中攝取了太多油，太多鹽，太多糖。因

此，要少吃油炸肉類，要多吃蔬果，少用沾醬、調味料，選清湯，少喝濃湯。多油、多鹽、多糖的不好習慣應予離棄。

2、抽煙、酗酒：抽煙對人的身體有百害而無一利，癌症多與抽煙有關，另外會導致心血管等各種疾病，降低性機能和生育力等，也在不知不覺中影響情緒和思考。酒則偶而少許無妨；但是應酬、借酒助興、乾杯等則不可。酒精對心臟有毒害作用，也會影響肝臟代謝。這兩個不好習慣還是離棄為妙。

3、睡眠不足：這問題對老年人是個相當難解的事情；但是生活有規律，常做些適當有益的運動，可能就會早睡也能早起，多少會有改善空間。如果像好些老人，每常「坐著就哈氣，躺下就睏不去」，那就難解了。

4、生氣：有些老年人有動不動就生氣的不好習慣，應設法離棄，尤其是有心血管方面疾病的老年人，更應離棄，否則生氣致心臟病發或腦中風等就不好了。控制好自己的情緒，看開些，「兒孫自有兒孫福」嘛，不必管太多。

5、發胖：年紀一大，發胖是一大忌。別認為發胖是發福。那是以前物質生活條件差才有的想法和說法，現在則是危險的徵兆。發胖會提高疾病的罹患率和死亡率。離棄發胖為妙。少應酬，少吃宵夜，多運動吧！

應親近的好習慣約之如下：

1、多蔬果：吃天然蔬果是今人最聰明的飲食法。肉

類是製造酸性體質的毒藥。蔬果是抗氧化和抗老化的最佳利器。以前的人生活物質較缺乏，油脂類較少，需要吃肉類以充實之；現代則不但無此必要，而且嫌太多。

2、多運動：這也是和以前人不同的。以前多用人力工作，今天則較多用機器，少用人力，好些人少動的結果，胖出病來，只好藉運動流汗，促進循環，將體內堆積起來的熱量和毒物排出體外，運動出健康來。

3、多喝水：喝水所以解渴，補充體內所需水分，尤其可以排出體內堆積的有毒廢物。我們每天吃進多少有毒物，是一般人沒法想像的。凡入口之物，包括藥物，幾乎都含有毒，非排出不可。

4、多微笑：微笑表示一個人心情愉快，尤其是一個人親和力的代表，讓別人易於親近。既心情愉快，又和人易於親近，生活必然無憂，病痛便不會上身了。

5、適當休息和睡眠：休息和睡眠是重要的。一部機器都不能不停地運轉，何況有血有肉的人？尤其熬夜更是大忌。兩者都同樣可以恢復體能，然後再衝刺，增進工作效能，也可保住不至於「過勞死」。

親近好習慣，離棄不好習慣吧！這樣健康自然來，老年人自然可以延年益壽。

2012/4/11　金門日報副刊文學

捐　書

　　不少老人為其遺產煩憂，不知如何分配，給得不均，會引起紛爭，一些富豪甚至死後家人爭產，被傳揚開來。這情形是有形的遺產成分多。有一種情形也常使某些人煩憂，卻少紛爭，也少人注意。那就是部分讀書人的書。

　　讀書人，顧名思義，是喜愛讀書的人。他可能一生沉迷於書，愛書如命，與書寸步不離。因為愛書，便不停地買書，慢慢他的書可能堆積如山，把房舍都堆滿了，佔據各處外，連臥室也堆得一大堆，客廳也是，甚至堆置走道，妨礙走路，或可用氾濫成災來形容。他的家人不見得會是喜愛讀書的人。這些書在他過世後，常常是走上被棄置之路，有些會被毫不吝惜地當成廢紙丟棄或被當成回收物論斤秤兩賣掉，對愛書人來說是太可惜了。書乃無價之寶，勝過金銀珠寶！愛書人在有生之年如何為他的愛書尋找知己？總不能讓他的愛書流落到當廢紙丟棄或一把火給燒掉吧！最好的方法是，把書捐出去。捐給偏遠地區缺少書讀的學生，捐給圖書館或文化機構，都是辦法。我知道有些朋友是把書捐出去的。近些年來，有好些圖書館或文化機構收容這些書。我所知道的，捐書者大都是愛書的大學問家或作家。圖書館或文化機構收藏這些書可以說是為愛書人料理書方面的後事，讓他們的書

有可以安居之處，算是很貼心，另一方面可使後來的愛讀者得以讀到，尤其一些珍本，可說是功德無量。

　　雖然距離處理這些書還有一段時日；但我已經年過古稀，也開始預作準備了。

　　除以前出版著作送給部分圖書館，對我來說，捐書給圖書館或文化機構，我是從二零零八年「文訊」雜誌來函引發的。因該社這一封來函，我於二零零八年送去了兩次書，二零零九年送去了一次書，約有拙作八本、期刊三四八本及他人著作七本等，其中光是期刊的創刊號或第一期就有二九本，計為大光月刊、中國新詩出版社出版的中國新詩、今日文化企業公司出版的中國新詩、中國詩友月刊、中國詩友季刊、北極星年刊、台灣文藝、星座月刊、桂冠季刊、海鷗詩頁、海鷗復刊號、詩季刊、詩園地半月刊、詩園地雙月刊、詩播種月刊、噴泉半年刊、盤古詩頁、盤古中英對照詩頁、學生文藝、縱橫詩刊、縱橫詩頁、藍星詩選及雜拌等。該社另有一本大學詩刊創刊號則是後來我找現任文化大學中文系主任兼研究所所長劉兆祐接受訪問時他捐的，加起來共三十本。這些創刊號或第一期刊物大部分是詩刊或大幅刊登詩的雜誌，是很珍貴的，難怪該社執行長封德屏看了愛不釋手，連聲讚賞，特於去年初辦了一個「青春結社 —— 台灣資深大學詩社展」，現場展出當年各大學詩社資料，同時每隔一週辦系列講座，邀請當年活躍在各詩社的主要詩人擔任講座，於期間截止時，欲罷不能，再展期，總共為期約三個月。

　　這次的捐書，給我兩個警醒：一、我的書有多少？以前我沒給統計，常約略說幾千本，這次捐出的書卻沒動到我藏

書的九牛一毛，約略估計不及三十分之一；如果加上我這一生搬家十幾次丟棄的，恐怕不止一萬五千本。真叫我吃驚不少。難怪當年就讀大學時，我每學期南返，托火車運送都超過規定免費重量。二、書捐出就是人家的了，臨時要用可就麻煩了。曾經想寫一篇當年與吳濁流相互往來的文字，卻只得找「文訊」的胡海敏小姐從台灣文藝影印寄來。這叫我想到，暫時不捐出書了；可是巧得很，高雄文學館竟於去年十一月找我去演講，並為駐館作家，展出作品。我把好多與我有關的書送過去展覽，除印度出版的 Poet 詩刊外，便全部捐出了，包括諸如希臘、巴西、日本、澳洲、美國等的外國書籍。我現在很擔憂，哪一天用到那些書裡的資料怎麼辦？記得當年「文訊」執行長封德屏有先見之明，曾提醒我，捐在台北要用時比較方便。

　　和生前處理有形遺產一樣，預立遺囑，是否可行？有形財產單位大，且都有跡可循，書不但單位小，而且紛紛繁繁，圖書館都要請專人分類登記，一般愛書人哪有時間和力量去做？那是大工程呀！預立遺囑就難了。至少對我來說，這是個難題。

2012/4/12　金門日報副刊文學

老人進修

　　內人蜜子雖是女子高中畢業；但是當年她沒把英文讀好，正好碰上外孫女若妍，才四歲就把英語說得如外國人，刺激她進修英語的意念。去年，她到新莊高中附設的社區大學進修了一個學期的英語課程。她一向做事認真，去進修當然不例外。進修期間，她瘋狂地讀，把教材讀得滾瓜爛熟，有問題就找曾在美國德州大學拿了碩士學位的大女兒靜靜和我「求救」。這當然讓她的表現相當突出。老師雖規定，在課堂都用英語，不講中文，她仍準備得很充分，應付自如，最後一堂課，老師還帶他們去麥當勞，各自用英語點餐。老師還曾在班上公開稱讚，她是所教過讓老師「最有成就感」的學生。

　　她的一個「老」朋友秀蓮則情況不一樣。因才國小畢業，她去進修的是農會辦的初級英語，卻讀得很「爛」。進修了三年，仍然在原地踏步，連一點簡單的會話都支支吾吾，沒能說好。

　　一個學期過了，蜜子突然「倦勤」，說辭是冬天到了，晚上去學校及放學後回家太冷，她要自己讀，反正有教材在，有兩個「老師」在，不愁沒能繼續「進修」。她這說辭我雖不贊同，卻並不便持反對意見，反正「隨緣」嘛！老人了，

這麼一大把年紀了，英語講不好也不會怎樣；只是心裡還是不苟同的。沒去學校，自己讀，不會持久的，哪會把英語學好？有學校在，有老師帶，有同學的互動，才會循序漸進，持續不斷，才會有進境。

剛開始時，她還相當認真，還常向靜靜和我「求救」，也買了 CD 來聽，跟著讀；可是時日一久，不出我所料，漸漸疏了，到現在已幾乎不碰與英語有關的那些勞什子東西了，英語能力沒有倒退已經很了不起，說有進境，怕要去茫茫大海裡撈針了。

日前碰到她的「老」朋友秀蓮，由言談知道，她進步多了，至少簡單的一些日常用語可以說了。

現在台灣，特別是都市裡，社區大學已相當普遍，以我所在的新莊來說，有高中附設的社區大學，有國中附設的社區大學，有長青活動中心附設的社區大學等等，社區也有讀書會的組織，開的課，舉凡英語、日語、繪畫、書法、寫作、瑜珈、棋琴等等都有，只要有心，認真去學，不愁沒得進修，怕的是沒有恆心，那就免談了。

2012/4/12　金門日報副刊文學

是誰害死的？

中港河廊開放使用後，提供了許多方便，除休閒而外，我行走便利多了，到宏泰市場採買，到思賢公園作休閒和運動，到那附近走訪，我差不多都走那裡。河廊既提供了美景，又有噴水設備和小瀑布，吸收空氣中的灰塵，提供芬多精，別說什麼休閒，只以那邊作通路就很好了。那裡的開放，讓我多了一個去處，每有空閒，我會往那邊跑，沒多久，好些朋友也都來了，我們一起，或閒聊，或下棋，或靜坐，或散步，或觀賞……。

這個傍晚，我們幾個老夥伴又坐在堤邊石椅上聊起來了。

佑霖又吹他如何善待他先父了。他總是說那炒了不知多少遍的話。他說，他先父在世時，很喜歡吃雞腿和薯條，他常常帶他去麥當勞吃雞腿和薯條，每次外出也給買回好些給他先父享用。

大家差不多都和以前一樣，睜著讚嘆的眼睛看著他，認為他很孝順。

沒多久，和應卻發話了：

「你別吹。你這才叫不孝。」

大家聽了，莫名其妙，都睜著懷疑的眼睛盯著他。

「怎麼說？」明雄終於提出了大家放在心中的疑問。「你

知道你父親是怎麼死的嗎？」

　　大家詫異地睜著眼看和應。

　　「是被你害死的。」

　　大家更詫異地睜著眼看他了。

　　「你父親很胖不是嗎？」

　　「是呀！」

　　「你父親血壓高不是嗎？」

　　「是呀！」

　　「你父親是腦溢血死的不是嗎？」

　　咄咄逼人的連珠砲！

　　「是呀！」

　　「那就對了。最近我看到一篇醫學專業研究報告，說人吃多了漢堡和薯條，容易發胖，吃多了肉類會造成血管阻塞，你讓你父親常吃其中兩種，所以你父親一直發胖，最後血管阻塞，就腦溢血死了。這不是你給害死的是誰？」

　　佑霖一下放聲哭了出來。

　　這下大家慌了，趕忙安慰他。

　　「你是出於一片孝心，不是有意的。沒關係啦！」

　　和應也加入勸說行列。「不知者不為罪。以前我也不知道，如果是我，我也是一樣啊！」

2012/4/12　金門日報副刊文學

刷牙齦

　　用牙刷沾牙膏或早期的牙粉或有人用的鹽粉，把牙齒清乾淨，我們通常稱為刷牙，我則以為稱刷牙齦比較適當，特別是要防止牙周病，特別是容易患有牙周病的老年人。

　　和我同一世代的現代老年人，對牙齒的清潔可能有些是任其自去的，大部分則隨便刷刷，草草了事，或方法錯誤，沒真正把牙齒刷乾淨。我可能就是其中的一個。小時候，沒有人教過我如何刷牙，跟在大人之後刷。他們是早上起床後刷一次牙，整天就只刷那麼一次，刷的部位也只是牙齒，沒刷牙齦。我年輕時牙齒是很好的，咬魚肉的軟骨有如用利刀切菜，甚至連硬骨頭也咬，咬吃堅果和連皮咬吃甘蔗則不給當一回事，對刷牙就更不去在意了。當四十幾歲時，有一次吃豬腳，啃粘在上頭的餘肉，不小心咬裂了一顆牙齒，雖然痛得要命，卻仍不當一回事，事後照樣喜咬吃骨頭和堅硬的食物；去看牙醫時，牙醫師也沒告訴我如何刷牙，保護牙齒，照樣每天只在早上刷一次牙。其結果是可以想像的：牙齒逐漸「衰頹」了。前年和大前年我因攝護腺發生問題，手術了兩次，第一次被醫生誤了，造成血液流失太多，身體虛弱，對疾病的抵抗力差，除帶給我便秘、高血壓和激烈咳嗽外，牙齒病痛到幾乎寢食難安。幸好我有一個公共衛生博士的兒

子 Jiunn Jye 和一個護理博士的媳婦 Huey Shys，後者還是美國國家護理院一個少有的外籍院士，他們不辭辛勞地給我指導，尤其是兒子，即使現在我身體恢復得差不多了，還是每週至少來一次電話，問這問那，有問題便叫我如何處理，我的所有毛病現在幾乎完全痊癒了。

原來我的牙齒因為沒清潔好，牙周病早就悄悄和它們「親親」了，只是我沒察覺到而已。我攝護腺手術後身體較虛弱，對疾病的抵抗力較差，它就來搗蛋了。我去看牙齒的這個牙醫師還好，照實說我這患的是牙周病，要我每天三餐後一定要刷牙，加上睡前刷一次，並要我買優點漱口水含，弄得我牙齒染了赤褐色，好些人都問我是否染上吃檳榔的惡習了。雖然牙痛比以前好些了，卻仍沒痊癒，時不時就給我苦吃。後來還是「打虎親兄弟」的兒子和媳婦給我方法把這「痛腳」祛除的。他們教我每天三餐後和睡前各刷一次牙，刷時最重要的是刷牙齦，媳婦還怕我不會，特別以按摩牙齦來形容，說那是她的發明；後來沒多久市面上竟也出現按摩牙刷了，因為她是紐澤西大學的護理系副教授，我懷疑這按摩牙刷的發明是否向她偷來的理念。不要扯太遠了，我按照他們的方法去做，牙周病竟不翼而飛了。一月初我再去給我的牙醫師檢查，他竟然說我的牙齒乾淨，牙周病不見了。我現在違背我的牙醫師叫我不要吃硬物的警告，又恢復以前喜歡咬吃堅果和骨頭的習慣了，不只丁香魚、大肚魚之類小魚，泥鰍、塗彈魚、台灣鯽魚、秋刀魚、俗稱的肉魚甚至小黃魚等，只要骨頭不是硬梆梆的，我都是連肉連骨帶鱗一起吃下去，不吐一根骨頭。

　　方法很重要。只要方法對了，很多事都不是什麼難題，甚至發明不也是發明家找對了方法嗎？

　　我對牙齒的清潔工作，正本清源，主張稱為刷牙齦，不要稱為刷牙；否則可能誤盡蒼生，尤其是患有牙周病的人，尤其是患有牙周病的老年人。刷牙常會把牙齒的琺瑯質刷掉，反而讓牙齒吃起東西來發軟，更不好。所謂牙齒敏感或過敏，應該就是刷牙太「認真」造成的。

2012/4/12　金門日報副刊文學

要吃什麼？

想想，明天要收割的稻子，明天要採收的蓮霧，有的農人今天還在噴灑農藥，稻米和蓮霧會留有多少殘毒？……

咱們肚子裡已經吃進了多少農藥？身上藏了多少農藥？你是想像不到的。這些毒藥什麼時候發作？咱們沒法拿捏得準。所以癌症和什麼不知名的死骨頭怪病，頻頻襲擊人類，便沒什麼好怪的了。

這是一九八七年四月二九日我發表在自立晚報副刊的一篇散文，名為「面對這片寂靜」。因為收在即將出版的「走過廍仔溝」散文集裡，將在近期出版，出版社寄來校對第二校，校到這裡引起我一陣驚心。台灣食物的污染、含毒已嚴重到只要一想起便心驚不已的地步了。

一直主張少吃肉，多吃蔬果，以免因而引發許多心血管等病；但是蔬果就保險沒問題嗎？像上面的敘述我早在約二十五年前就看到寫出了。同一篇散文裡，我也這麼寫：

我敢講，若是陶淵明活在現代台灣，他會沒有一塊田園可以隱居；若是梭羅活在現代台灣，他會找不

到一處湖濱可以隱居。

是這樣沒錯。台灣污染的程度已叫人一想起就心驚，已到叫人感嘆不已：

吃什麼
魚肉不使得吃
果菜、豆干不使得吃
這不使得吃，彼不使得吃
不知要吃什麼？

怎麼辦？當神話傳說裡的神仙吧！那是傳說，是神話，不是真的。所謂天堂，所謂神仙，那都是虛幻的傳說或神話，都是人類用來自我安慰的迷幻藥。誰能給搬到現實世界來？難不成如我在這首以「吃什麼」為題發表在一九九四年十一月九日台灣時報副刊的台語詩裡所說的「想作仙」這些話？

祈禱吧！祈禱農人們多些良心吧！當然，自己也得想法少吃加工食品，少吃帶農藥的食品，多吃無農藥的純生機食物了。

2012/4/12　金門日報副刊文學

年　齡

　　論語里仁篇載，子曰：「父母之年，不可不知也；一則以喜，一則以懼。」意思是，為人子女的，不能不知道並注意父母的年齡；知道了，注意了，一方面因父母年長能與自己長久相處而欣喜，另一方面因父母年長怕他們很快離去而驚懼，乃多與相處，時時奉侍，多盡孝道。

　　我套用他的話，曰：「老人之年，不可不知也；一則以喜，一則以懼。」何則？

　　我認為，一個老年人對自己的年齡多所知覺是很好的，喜的不用說了，是和知道注意父母的年齡一個樣的；但懼的則是戒懼。戒懼什麼？

　　這戒懼乃由年齡老大而起。

　　一個人年輕時，身強力壯，意氣風發，舉重若輕，走路步伐可以大而快，甚至快跑，甚至參加什麼體能競賽，與人爭勝；年齡一大，特別是進入老年了，還能這樣嗎？

　　年輕時，吃飯可以狼吞虎嚥，甚至吃個五碗、六碗，現在年老了，行嗎？年輕時，跑一百公尺，十三、四秒，甚至選手可以十秒，最差也有十五秒，現在年老了，行嗎？也許能跑完全程已很好了。年輕時，可以一天工作八小時，甚至十小時，現在年老了，行嗎？年輕時，可以背百斤的稻穀，

甚至更重，我就是其中的一個，那時住鄉下農村，是常事，現在年老了，行嗎？年輕時，家裡種的水果成熟了，便一個勁地爬上去採，去搖，現在年老了，行嗎？年輕時，碰到水溝，一跳便跳過去，現在年老了，行嗎？年輕時，拉單槓，引體向上至少也有十次，甚至二、三十次，現在年老了，行嗎？最明顯的是，年輕時，母親穿針線穿不過，找你幫忙，你拿了線，一穿就過，現在年老了，行嗎？……

　　年老了就年老了，必須知老，必須認老，行動、做事要知輕重，量力而為，別太逞強，別太不自量力，如果非做不可，要用舒緩的力，不要硬來；否則，受了傷，生了病，自己痛苦而外，還連累家人，絕非好事。這就是所謂的「一則以懼」──戒懼，戒慎恐懼呀！孟子梁惠王篇孟子甚至說：「頒白者，不負載於途矣！」他更是勸戒世人，勿讓老年人去做負載的事，真是體貼到家了。然則，作為一位老人怎可不戒慎恐懼？

　　　　　　2012/6/3　金門日報副刊文學

賤　取

有讀者看到我在「祭而豐」一文裡，寫「賤取如珠玉」，問我到底是什麼意思。

問得好！有問題就該問。

這句話引自史記貨殖列傳。原文是「貴出如糞土，賤取如珠玉。」賤的意思就是價少，價低。做買賣貿易，當然是這時買進最好，等價漲了賣出，賺差價每每是生意人的妙方。所以廣注說：「賤時盡量進之，視如珠玉。」這就是這句話的最好解釋。漢書景帝紀直白地說：「賤買貴賣。」

這原則是生意人做生意的妙方，近幾年則在股市裡被用透了。一般稱為「逆勢投資」。有股神之稱的華倫‧巴菲特（Warren Buffett）的名言：「當別人懼怕時要貪婪，別人貪婪時要懼怕。」就是這說法的代表。別人懼怕當然是賣出，越賣價越「賤」，通常是碰到金融海嘯的時候，反而正好是買進的時機；金融海嘯畢竟是短暫的，終必解決消失，解決消失之後，股價便漲了，到別人瘋狂買進時，股價可能是最高點了，賣吧！差價就這麼賺到了。一般人作股票多這樣，甚至有人今天買明天就賣。我可不是這樣做的。我是買的每年賺錢會發股利的公司股票，也就是我選好公司，拿錢去投資，買了，我就是這家好公司的股東了；參加好公司，成為

股東，每年分股利而外，也是貢獻國家社會。以我投資的台積電來說，二〇〇八年全球金融大海嘯時，我的持股是十八張又九十股，當它的股價跌到四十幾五十幾時，我奮力大買，買到現在持股六十三張。我決定長期持有，只領股利不賣。好些人談到投資股票就以不屑的態度對之。那是認為投資股票是賭博，其實不是的；如果是，那全世界各國開設股票市場幹什麼？他們所指可能就是那些整天進進出出等如賭博者。

　　養殖事業也是一樣。養豬好的時機是什麼時候呢？就是豬價大跌，沒有人要養的時候。想年紀大一點的人都有印象，曾經有一次口蹄疫大流行，病豬都被載去掩埋，沒有人要養，鄉間路上仔豬橫行。這正是「賤取」的時候，甚至隨便不要成本就可撿來養。平日仔豬一隻幾百塊甚至千塊，現在可以不要錢撿來養，不是賤取是什麼？香蕉也一樣。有一段時間，台灣香蕉銷日受阻，成熟香蕉在路旁堆積如山。那就是「賤取」的時候。平日香蕉種株幼苗一棵幾十塊甚至百塊，那時可以不用錢撿來種。那不是「賤取」的時候嗎？不但不用本錢「賤取」，對方可能還要說謝謝呢。這兩件事後來都證明「賤取」大賺。豬價和香蕉的價格不久都回升了。至於不「賤取」後來吃虧的，南部一窩蜂養鰻是最好的例子。當時鰻價正高，是「貴賣」結束養鰻的時候，好多人卻爭著把好田地闢為養鰻池，我當時每次載內子路過，就跟她說，這些人現在把轎車開進鰻魚池裡，要被沉沒開不上來了。後來果不其然，被我說中了。

　　別儘說做生意賺錢，回到日常生活吧！日常生活裡，如

何賤取呢？

　　衣服穿著什麼時候最便宜？換季的時候。要買冬衣，現在是冬末春初，正是時候。準備明年穿呀！當會儲糧的蜜蜂或螞蟻也不錯，可以買到又便宜又好的衣服呀！食物什麼時候最便宜？盛產的時候，而且不要去爭去搶，別為了認為比別人高一等買了吃。平時我是不吃零食的。零食的色素、毒素太嚇人了。宵夜更是和我從來沒有交集的。肉類我也不喜歡。我不想吃了患各種肥胖症、心血管疾病。上館子除非有什麼貴客來偶而為之，否則我就和它們不相往來。我喜歡買蔬果吃，舒適過日子。菜類洋蔥我排第一，百位營養師和醫師投票選出的也是它第一，其次是蕃茄、蕃薯、蕃薯葉、紅蘿蔔、白蘿蔔、芥菜、波菜、烏甜仔（龍葵）葉、高麗菜、花椰菜、青木瓜等這些便宜少人要又有營養的，水果則按季節買最盛產時也最便宜的，如柳橙、木瓜、香蕉、番石榴等，魚類我最喜歡便宜而又可以連皮帶肉帶骨帶鱗吃的，譬如丁香魚、大肚魚、秋刀魚、台灣軟骨鯽魚、俗稱的肉魚、小隻的黃魚、狗憨仔（彈塗魚）等。原則就是既有營養又便宜又少帶毒的。我想有人知道我買一斤十塊的香蕉、一斤八塊的蕃薯和一斤八塊的高麗菜，可能大為吃驚。

　　其實貴賤難分，一般都說珠玉貴重，很多人搶買收藏，成為寶貝。那是因為數量少！如果珠玉和砂石一樣多，我才不相信有這般情景；有人搶著買，不被笑是瘋子才怪！還不是棄之如敝屣，任人踩踏？任人踹踢？出去旅遊，如遇賣珠寶的，內子前去看，我總以一句客家俗話拴她：「憨頭，買石頭！」什麼寶玉不都是石頭嗎？

　　總之，生活要過得節儉、樸實、衛生、營養和健康，別去為了口感、面子和流行名牌當冤大頭。這還不很要緊；如果反而害了自己健康，才叫冤枉呢！老年人尤其需要這樣。

　　　　　　　2012/6/3　金門日報副刊文學

銅　板

俗云：「一個銅板不會響，兩個銅板響叮噹。」其實不是一個銅板不會響；一個銅板掉到硬的地板，特別是水泥地板或鐵皮上，照響不誤。這句俗語的意思是形容兩個人，尤其是兩個相互衝突的人，「一個童乩，一個桌頭」，才吵得起來，兩個「臭味相投」的人在一起，才談得開來，也是「一個童乩，一個桌頭」。結論是，兩個相互對立的人，如果哪一方退讓一下，便不會吵架；既然吵起來了，兩方都有錯，不要把責任推給任何一方；兩個本來不怎麼言語的人，如果碰到同好，便會侃侃而談，談個不休，談得熱鬧。

我這裡所謂的銅板，不是說的吵架，是指兩個當年都過苦日子的人，都是小人物，不起眼的人，湊在一起，便像兩個銅板，你一句我一句，叮叮噹噹地述說當年的苦。這該歸類為「臭味相投」型的人。

他也是來這個公園運動的老人，少我五歲，原本不相認識，每天來運動，每天見面，下意識裡便有同儕之情。有那麼一天，我們同時在同一個運動器材做同一個運動，相互點頭，便有如相交很久的朋友，親切地交談起來了。

他說他是貢寮人，姓簡，小時候住在山上，家境貧困到極點，每天吃的是稀飯。他形容稀飯稀到他喝下去時，腸子

好像一條塑膠管，感到那稀飯就如水一樣，咕嚕咕嚕直流而下，沒能上學自不在話下，只好去學理髮，每天從早上「罰站」到晚上，有好一段時間，「罰站」到蹲廁所都只能半蹲。——我們同一輩的大家都知道當時的廁所是怎樣的，哪有現在可以坐的馬桶？唉！……但是他卻能培養出一位碩士兒子，現在在美國當某保險公司董事長的特助。他就這樣，靠著他的兒子，三年前結束理髮工作，開始每天傍晚來這裡運動，並由他兒子寄回維他命等營養品補給，身體才轉好起來。

　　當他聽到我讀過大學時，大為讚賞，說那時能上大學必定家境很好。其實他哪裡知道，我也是貧苦農家出身，從小便捏泥巴吃泥土、做田事長大的，吃蕃薯飯過日子的，直到一九八九年離開南部遷居新莊以前，都還要下田工作。惟一和他不同的是，我有一對父母，他們從我小時候便對我說：「你儘管讀。讀到哪裡都行，即使把整個家產賣光了，也讓你讀。」就是因為知道家窮，所以大學畢業時，眼睜睜看人家出國留學，我自認讀到那地步已夠滿足，一句話也不敢向父母提；現在看到有些以前成績比我差的同學，出去留學回來，當教授什麼的，也只能徒嘆奈何。

　　兩個小銅板，叮叮噹噹地響，慨嘆之餘，想到當年那個時代，和我們同樣歹命的，其實也不少，常常碰到，和他們談起，也是叮叮噹噹地響，「徒嘆奈何？」那時留下來的小銅板，應該不少的。

2012/6/3　金門日報副刊文學

如飽熟稻穗

　　秀威資訊科技股份有限公司繼去年九月出版拙作散文集「打赤膊的日子」後，今年三月又為我出版了另一本散文集「走過廊仔溝」，內容還是一本「很田園、很鄉土、很大自然、很尋根」的，是我所寫「履痕筆記」系列的作品。該書以垂掛著成熟稻穗的許多稻子作為封面和封底配畫，讓我深深喜愛。稻子是生長在水田裡的，培養得好，出的穗「入漿」，便有重量，尤以成熟時為然，一向我們都說那是謙虛遜讓的象徵。古來大家都崇尚這種美德，鄙視「倚劍少年」的行徑。

　　從小便常常聽到大人或老師教人要謙虛遜讓，不與人作無意義的論爭，不強出頭；可是現代社會卻越來越不見這種美德了。意氣用事，強辯者有之；只求出風頭，不顧形象者有之；奇形怪狀，只為作秀者有之……甚至如某些藝人，只為求取觀眾粉絲，以衝人氣，什麼花樣都來，某些商人，為求多賺些錢，產品內添加色素、糖精、起雲劑、蓬鬆劑、塑化劑等，花大錢找名人代言，某些政客，只為求多得選票，以便勝選，什麼騙術都使。以最近很被年輕人瘋狂的美國藝人卡卡為例。當年像這種人是被眾人跟在後面喊她「訬的（瘋子）、訬的」的人物，現在卻以其怪異行徑為號召，讓眾「傻瓜」追著看熱鬧。這世界似乎變得距離以往的純樸越來越遠

了。越怪異似乎越吸引人，越敢秀似乎越受歡迎。

　　論語里仁篇載，子曰：「古者，言之不出，恥躬之不逮也。」這種恐怕做不到不敢隨便亂說話的人，現在好像已是稀有動物了。勤勞節儉和謙虛遜讓是美德，現代社會則崇尚奢侈華靡，勤求「膨風」，我不知道這風氣會把人類帶到什麼墮落的田地？我常說：「只有少數人帶動世界文明的進步，多數人只知享受，把世界文明往下拉。」我是越來越相信越肯定我這句話了。至於老年人，差不多都是比較勤勞節儉和謙虛遜讓的，尤其和我同一世代的老年人。原因不外，我們生不逢時，正是最艱苦的年代。戰後本來經濟就自然會蕭條，又逢戰後嬰兒潮，經濟更是雪上加霜，每對父母要養六、七個甚至十幾個子女，我們什麼享受幾乎都沒有外，什麼苦都「享受」到了：吃不好，甚至吃不飽，穿不好，甚至穿不暖，還要做些非那年紀應做的工作，自然認命的多，不必什麼堂皇的所謂教育，勤勞節儉和謙虛遜讓的習性不請自來。

　　不管怎樣，我還是認為勤勞節儉和謙虛遜讓比較好。我不是在「藏私」，為自己爭辯或擺「老大」。且看古來多少一時出盡風頭的人物，後來有哪一個是「好死」的？「爭千古」，「不爭一時」，才是正人君子之所應為。要「流芳百世」？還是要「遺臭萬年」？只看眼前，眼光只有一寸長的人，後世誰認同呢？

　　　　　2012/6/4　金門日報副刊文學

積習難改？

掛在左肩的包包又滑下了。我又給掛上去。

已經近一年都這樣了。

在這之前，它不是這樣的，在路上行走，包包是掛在右肩就滑下，掛在左肩就不滑下。原來我的肩膀兩邊不平，右肩較低，左肩較高，所以會這樣。從什麼時候開始的呢？我記不清楚了。發覺時，我已退休。主要是，退休前很少帶掛在肩上的包包，退休後才開始帶。

為什麼會這樣？開始時，我被嚇了一跳；慢慢地，我自我檢討，終於找出其原因。原來我在高二時參加救國團舉辦的暑期戰鬥訓練，從南部到台北市現在已是南門國中的警官學校練拳擊，常常左手高舉在前，右手放低；左手高舉，自然牽動左肩也高舉，右手放低，自然牽動右肩也放低，時間一久，便成習慣了。

從我察覺時起，我就想給改正，卻是積習難改，幸好內子常給我提醒，我又有決心要改，最近終於改過來了。這將近一年來，我把包包掛在左肩上，走路時終於會自行滑下了。這表示我兩個肩膀已調整得差不多，不再一高一低了。

好些人都說他戒煙怎麼都戒不掉，好些人都說他戒酒怎麼都戒不掉，好些人都說他戒賭怎麼都戒不掉，好些胖嘟嘟

的人都說他愛吃的習慣怎麼戒都戒不掉，嘴巴不動就是不行，好些人都說吃檳榔的習慣怎麼戒都戒不掉，甚至有藝人染了毒，被罰勒戒卻怎麼都戒不掉，推託的理由是「習慣成自然」、「積習難改」。是嗎？我想，那都是沒有決心使然。天下哪有什麼戒不掉的習慣？哪有改不了的行為？如果這樣，小孩子就不會成長了，教育便無用了，訓練也是徒然了。年紀大了就改不掉，這話是為自己不想改作藉口。是壞習慣就要改，跟年紀又有什麼關係？只要是壞習慣，就該改，沒有什麼年紀大不大的問題。我退休後，發現肩膀左右不平的問題，我決心改，雖年紀老大，還不是改掉了？「哀莫大於心死。」就是這麼一回事。沒有決心，不等於「心死」了是什麼？「有志者事竟成」，「鐵杵磨成繡花針」，自古以來，許多事例可為這話作證！

2012/6/4　金門日報副刊文學

我是素食者？

看到我寫吃食的方式，有人問我是否是素食者。

難怪呀，我是多吃蔬果，少吃肉類，歸結起來就是，多素，少葷。難怪他人會懷疑。但是多素少葷就是吃素嗎？不是的。

吃素主要是由佛家僧尼而來。他（她）們，吃素，不吃葷；我是多吃蔬果，少吃肉類，這並不等於吃素。

僧尼們的吃素，主要的理由是不殺生，早期是吃的蔬果；但是動物會跑會叫，就說是有生命，不可殺，蔬果就沒有生命嗎？我們拔取蔬果時，因為它們不跑不叫，就是沒有生命嗎？如果把它們流出的汁液解釋為流淚，誰還說它們沒有生命呢？所以以不殺生作為吃素的理由是講不通的。現在很多素食者改吃加工製造的素料了。這或許可以避去說蔬果沒生命的「掩耳盜鈴」之譏；但是對吃食者可能造成大傷害。怎麼說呢？

素料既是加工製造的，那麼要味道和真的食物一樣、軟硬和真的一樣，則加入化學藥劑乃必然之事，如蓬鬆劑、塑化劑、起雲劑、調味劑和色素等。這些化學藥劑是藏有毒素的，對人體的戕害乃顯而易見，長期下來必然不好。如果撇開有無生命的問題，也是多吃蔬果，少吃肉，想必是好的。

這我就舉雙手贊成。

原則上，吃食，少加工食品，多天然食物，這是對的。吃食所以維生；如果反而害生，那恐怕就不對了。選擇食物的原則，應該是健康、衛生、無害、營養、簡樸，不要吃了反而有害身體。越是加工的、色彩鮮豔的、味道美好的，越是有問題。近來有人狂喊口感、嚼勁、甜美。計較這些每每會反而害了健康，怎麼算都是划不來的。

有人提出吃蔬果也有問題，說噴灑農藥，加放生長激素。這倒沒錯。我在一九九四年十一月九日出版的台灣時報副刊曾發表一首題為「吃什麼」的台語詩，說：

魚肉不使得吃
蔬果、豆干不使得吃
這不使得吃，彼不使得吃
不知要吃什麼？

果然，生在今日，我們有很多無奈，連吃都一樣；但是我們還是得活下去，只得找最無害的來求生。蔬果有藥劑問題，我認為仍比肉類有太多油脂加藥劑來得好，而且蔬果我們比較能以洗濯來減輕其毒害，會是比較好的。

2012/6/4　金門日報副刊文學

人情與義理

　　遷居新莊後，親戚大都在南部，年節照理該回去；我卻不。年節大家都放假，塞車是必然的。之所以遷居新莊，主要就是因為三個孩子當年都在台北讀書，每到放假回去不好乘車。特別是寒假，每到寒假都是過農曆年前，有一次，電話說好乘當時公路局的國光號，晚上十點到屏東，內子和我兩人竟去等到十二點多，才等到他們三人，趕緊驅車往家裡走；但機車只有兩輛，只好我違規載兩人，騎到過潮州五魁寮橋時，碰到冬防臨檢，每輛經過的車子都被攔下來；我嚇得人都抖了起來；沒想到執行臨檢工作的人員，看到么女穿著北一女的綠色制服，竟向我們揮手說：「讀北一女的。沒問題。你們走吧。」就這樣，逃過一「劫」。

　　這是題外話，我要說的是，因為年節塞車，內子和我都搬到新莊，回南部當然也是年假時候，也是塞車；所以，除了清明掃墓把時間提前，一定回去，其他年節都不回去了。

　　今年，我們掃墓還是避開清明日，我於三月十一日乘凌晨一點十五分國光公司的車南下，正好趕上當日上午的掃墓。

　　話說當晚在車站等車時，聽到坐在我旁邊的一男一女對話，聽起來是本來不相識的。男的說他是高樹人，是回去掃墓的，女的說她也是回去掃墓的，要乘國光公司的車到屏東

站，再搭計程車回美濃。那計程車是她萬丹娘家鄰居的，每年都一樣，載到時，計程車就在那裡等，等掃墓完後，再載她到左營搭高鐵北返，車資來回要兩千多塊。問她為什麼不從里港轉搭，距離比較短，車資也比較便宜。她說那計程車是她娘家鄰居的，每年都這樣。她說她的票還是九號買的，因為怕買不到票，她買時，售票員還說她運氣好，只剩兩張票，再慢幾分鐘就沒票了。這下我感到奇怪了。怎麼可能？我剛剛才買的票，而且座位還選在第十一號。我一說，她說怎麼會這樣？售票員還問她是要乘中午的還是晚上的呢。我就把我的票拿給她看。她看了，覺得奇怪，售票員怎麼這樣欺騙她？便把她的票也拿出來想證明她買的票沒錯。沒想到，我一看，糟了，她買的票是十號晚上一點十五分的。我一說，她慌了，便到售票處找售票員理論。她買票時的售票員是個女的，現在這個是個男的，怎會知道詳情呢？

　　最後，兩方搞清楚了。她九號買的票，跟售票員說買一點十五分的票，人家問是中午的還是晚上的，她回說晚上的，售票員打十號晚上一點十五分的車票給她沒錯呀！這就難辦了。幸好還有時間，也幸好她把車票拿給我看，更幸好站務人員在人情和義理之間作了適當的權衡，讓她以補位上車搭乘；否則可就麻煩了。

2012/6/4　金門日報副刊文學

老人念舊

　　大前年，我去署立台北醫院手術攝護腺，在五樓住院一週，從第二天起就聽到別一間病房傳來有人不斷大聲吵嚷的聲音。我第一個反應是，那是老人癡呆症者的吵嚷。內子於一九九五年九月在泰山泰林路被一輛逆向的發財小貨車撞倒，出車禍，兩人病房住的另一位就是。她的最大特徵是，持續不停地述說過去的事，有時像在和小時的友人密談，有時像在呼叫友人或和友人懇談，有時卻像和小時的友人大聲地爭吵對罵，即使半夜吵得你沒法睡覺她也不管，怎麼勸都沒用；可是對目前的事，譬如剛講過的話卻忘了。醫護人員和她的家屬說，她那是患了老人癡呆症。在這之前，我聽過老人癡呆症這個名詞，卻不知其真正的症狀，這次是「瞎貓碰到死老鼠」，真確知道了，而且印象很深。護士來時，我跟她說那是否是老人癡呆症患者？她先是肯定說是，然後說：「現在這症狀不叫老人癡呆症，已改為老人失智症了。」

　　從那時起，我一直奇怪，為什麼要叫老人癡呆症，然後再改名為老人失智症？後來越想越覺得不對，患者明明記得過去的事，為什麼要給掛上「癡呆」或「失智」的罪名？「癡呆」和「失智」都不對呀！這是誰發明的怪名詞？他們哪裡癡呆了？他們哪裡失智了？為什麼要像一些無恥無知的政

客，亂給別人扣帽子？我百思不得其解。我立意要給平反。

思之再三，思之再四，前思後想，我終於想出來了，稱為「老人念舊」最適當，「症」這個字還得給去掉。

第一、他們沒有癡呆或失智。就事實上說，他們智力很好，可以記得以前的事或說過的話，記得牢牢的。給他們扣上「癡呆」或「失智」的帽子，根本沒道理。

第二、念舊是人之常情。常聽說「落葉歸根」，不是最好的明證嗎？早年離鄉背井出外奮鬥有成的人，還常常回故鄉作各種奉獻呢！這些事，各個鄉里都會跳出來為我作證。

第三、念舊而冠以病症，那更是荒唐。常有人說：「到常回憶過去時，人就老了。」這話沒錯。但那是病症嗎？我倒認為是一種該寶惜甚至珍藏以往的情懷，非常可貴，鼓勵都來不及，何病症之有？一個人離鄉忘祖是該鼓勵的嗎？離鄉就忘祖，然後就忘了祖國是不是？這樣的事，有多少人認同呢？要說是病症，那乾脆把老人都冠上「老人病」或「老人症」好了。他們一生辛辛苦苦，勤儉奮鬥，省吃儉用，帶大子孫，對人類社會貢獻非小，老來該受這樣對待嗎？為什麼知道給他們老人的優惠或免費乘車之類優遇，卻不知道這稱呼的不當？

改稱老人念舊吧！別給老人扣帽子，那是好情操，如果太念舊，以致「碎碎念」，也要容忍，更要尊重，別說那是「癡呆」，那是「失智」，那是病症。我們從何而來？誰的父母祖先不成老人？誰不從老人那裡來？何況自己將來也必定要成為老人？

不過，話說回來，如果一名老人已到神經錯亂的程度，

那就要另當別論了。那可能已是精神神經病了，就得送精神神經科治療了。這種病不是老人的專利，一般人即使很年輕也是一樣的，印象很深的是，小時候常被我們小孩子圍著喊「訬（瘋）尾仔」和「訬縣長」的瘋子，當時就不是老人。

2012/6/5　金門日報副刊文學

體力和智力

　　人是骨頭和血肉做的，必定會老，老了就如同機器，用久了必定會磨損，體力必然差，以致從人間消失。有人甚至說，如果不磨損消失，世界上會變成「怪老子」到處橫行，變成人吃人。所以我一再說，死並不可怕；那是自然現象，也唯有如此，人類才能新陳代謝，生生不息。

　　這說的是人的肉體。人會老，肉體會磨損，健康和體力會差。但是智力可不然。人的智力有些像是變差的現象出現，那應該是人大了老了，事情繁多，思維分散了，念舊，念親人，錯認自己老了不用心，或者怕死。其實人的智力應該是越用越好越利，正如常人說的：「刀越用越利」。

　　手邊有一份資料：今年三月初台積電召開臨時董事會，決定任命研究發展資深副總經理蔣尚義、營運資深副總經理劉德音和業務開發資深副總經理魏哲家三位為「共同營運長」（CEO），可能就是董事長兼執行長張忠謀的接班人選，很多人質疑，他們三個人都已年過六十，有能力接班嗎？張忠謀為此召開記者會，說沒問題。他講了一句話很值得玩味。他說：「一般我們講的這個體力，是智力，包含從經驗裡頭學到的東西，這我覺得並不是五十歲是黃金時代，六十歲才是黃金時代。」這話顯然是肯定年齡大並非就是智力會衰退，

反而正是人生智力的最佳狀況。以前人常說：「人生七十古來稀。」現代大家公認：「人生七十才開始。」這可能是人類越來越發現，老年人智力不衰退了。不信，古來尤其近來許多老年人創造出許多大成就便是明證！

別說我自我吹噓，我這裡要舉我自己為例。退休前，我出版了三本詩集，六本散文集，計共九本；為了全力讀以前想讀沒讀的書和寫作，我提前屆齡六年退休，至今已讀了不少以前想讀沒讀的書，已出版了七本詩集，其中有三本是中英對照，二本是中希（臘）對照，一本是中蒙（古）對照，一本是中英日對照，兩本翻譯，還有一本詩選集正在製作中，預定八月出版（註），一本修訂重印的散文集，一本新的散文集。退休十三年，加上正將印行的一本，共出版了十二本書，比未退休前多了三本。以發表的作品來說，包括詩、散文、文評和小說等，包括中文、英文、希臘文、日文、希伯來文、法文和葡萄牙文等，前年就有 244 篇（首），去年就有 289 篇（首）。這狀況，誰說我智力衰退了？誰敢說老年人智力一定衰退？

更重要的是，人的肉體死了就消失了；但是智力卻硬是不循這定律。智力所創造出的物質發明，一定可以「遺愛」後世，讓後人永世享用；而文學的創作，更能永垂不朽，提昇人類心靈。智力不但到老不衰退，還可能肉體死後越來越強而有力。

註：該詩選集已提前於五月底出版。

敲一敲，酸痛逃

　　老年人最慣常碰到的困擾之一是，這裡酸，那裡痛，煩呀！苦呀！

　　機器用久了嘛！不磨損才怪！受其折磨，難免。誰叫老年人要從小到老，把那些機器用那麼久，用到磨損？誰叫歲月要那麼鐵面無私？

　　其實說這些沒什麼意義。最重要的是，如何去解決或解除它。

　　我大約五十歲或更早就發覺身體酸痛的現象了。那時並不認為那是走向「老」的現象，自以為年輕力壯，哪會想到老的問題？一旦出現酸痛，便心甘情願地認為是運動後的反應，不理它，慢慢就恢復了。後來，酸痛漸漸地不放過我，像麥芽糖一樣黏著，我就不能不理它了，找國術館的「拳頭師」啦，問「資格」更老的人啦，去拔罐啦，甚至到中醫那裡去拉筋啦……，一路走來，費盡心思，還是對它沒輒。

　　很多老年人都患這毛病。最普遍的治療方法是，去復健；但是有用嗎？給醫院和復健醫師多增加一些收入是有的，給復健師增加一些工作量是有的，至於效果？也有些，只是不去，就沒了。有些老年人相信養生食品，吃善存、維他命或維骨力等，憑良心說，這些也有些效，只是仍然只是給藥商增加一些收入，藥效不大。以維骨力來說，只吃那養生食品，

不運動和曬太陽，幾乎只能替腸胃增加些負擔。

　　從小我就看到父老祖輩們不時搥打自己的身體，大概最常見到的是搥打自己的肩膀。那時年紀輕，沒能想到它的作用；這時我靈機一動，想道，莫非是因為酸痛在敲打，何不試試看？一試，竟然靈驗。每次這裡酸那裡痛，一敲打，酸痛便好很多，甚至消失。於是我就用這方法來對付它。只要哪裡酸痛，我就敲哪裡。為怕敲出「副作用」，我都只適當用力。我竟然發覺這方法還真不賴，私下想，一定是老祖宗們傳下來的不公開秘方。

　　道理何在？為什麼敲打酸痛處，酸痛就會舒解甚至好起來？我研究了好一段日子。原來敲打跟按摩是同一的道理。它們的作用都是打通筋脈，讓氣血流通。酸痛就是氣血鬱結在那裡作怪，打通了不就好了嗎？豁然貫通了。這和一般所謂「活動，活動，要活就要動」不是一樣的道理嗎？所以我現在只要哪裡有酸痛都用這最簡便自己可以做的方法來解決，最常出現酸痛的是手腕、臀部和腳踝便沒問題了。除敲打外，我擴大其效用。因打電腦，我右手無名指有一段時間酸痛而外，僵硬到連伸都伸不直；後來我每天傍晚去公園運動便邊走邊做緊握手掌再張開手掌的動作，去回而外，在公園裡健步走時也是，現在右手無名指已能伸縮自如，一如原來了。至於運動器材，我也善予利用。我總把爬梯當按摩器用，來按揉手臂、手肘和小腿，打通它們的筋脈，解決它們的酸痛。

　　敲一敲，酸痛逃。我深深相信。其實，道理還是那句話：「活動，活動，要活就要動！」

　　　　　　　　　2012/6/5　金門日報副刊文學

不出家的和尚

　　本來睡得好好的，約清晨四點左右，突然覺得左腳腳踝好痛，好痛……終於被痛醒了。

　　「嗳呀！好痛！」醒來，更痛！我被痛得幾乎忍受不住。

　　那是一九八六年暑假的第二天。暑假裡，不必到學校，我連早餐都沒吃，便直奔醫院。

　　王醫師和我是「青梅竹馬」的朋友，從小一起穿開襠褲、捏泥土、吃雞屎長大，在求學過程中，除大學外，都在一起，並且一直保持良好的友誼。

　　他看了我微腫的左腳腳踝，問明了發病的經過。「可能是尿酸過多，引起關節炎。先抽血檢驗看麼（看看）再講。」

　　沒多久，檢驗的結果出來了。

　　「正常人血裡的尿酸是二至六，你的是七點三，超過了一點三。檢驗的結果，證明我判斷得沒錯。你是尿酸過多，引起關節炎。」

　　「這要安怎？」

　　他用了一句台語俗諺幽了我一默：「問神就是佗位不對，予醫生看就要注射吃藥。」

　　「我痛都痛得要死了，你還和我打納涼（講風涼話）。」

　　「本來就是要注射吃藥呀！」他接著說：「好佳在（好在）

你有我這樣一個朋友；若無（不然），你去找接骨的，就有好『腫擱痛』啦。」他竟然溜出電視相當廣為人知的某個廣告詞來！

「安怎講？」

「人血內的尿酸有一定的份量，若是太多，就會變成尿酸鹽，堆積在關節的所在，一旦過度運動，太過疲勞，就會發炎腫痛。」原來是這樣！我從四十歲起，開始喜歡上桌球；但是平日教學太忙，難有時間打，常常看人家打便手癢心癢，尤其這四年來，我參加高雄師院教育研究所週末班進修，更沒有時間打；正巧這時我的進修已結束，學期也結束，昨天下午我打了一下午桌球，打得不亦樂乎。可能真的我左腳腳踝關節堆積太多尿酸鹽，昨天下午一運動，太過疲勞，造成這腫痛了。「接骨的一看到，不管三七二十一，取出藥酒，就開始搥，講是要吊散瘀血。其實這款（種）關節發炎，不可搥，若是搥落（下）去，一定愈搥愈腫，愈搥愈痛，那你不是有好『腫擱痛』了嗎？」說到這裡，他停了一下才又說：「不止接骨的，有的西醫沒良心，你去找他，他就在患部給你注射。注完射，馬上止痛；但是後遺症害人不淺。」

「啊？」我被嚇了一大跳，暗自慶幸我有這樣一位正牌的醫生朋友，能直接找他，免去多受皮肉之痛。

「其實，注射吃藥也不是根本的治療法。」沒想到他會說出這讓我洩氣的話。

「你不給我根本治療？」

「不是安尼啦！」

「不是，那要安怎？」

「根本治療要你自己來。」

「我自己來？安怎講？」

「吃菜才是根本的治療法。」

「敢是做和尚啦，吃菜（吃素）！」沒想到在這「受苦受難」的時候，我還幽默得出來。大概是被他逗出來的吧！

「我是和你講正經的，不是和你滾笑（開玩笑）。」他平心靜氣地說：「一個人若肉吃太多，尿酸就多。剛才給你講過，一個人的尿酸過多，一運動過度，太過疲勞，就會發生這種腫痛。要治療這種腫痛，只注射吃藥是不夠的，注射吃藥只是把你的腫痛暫時減輕止住而已。那不是根本的辦法。可能會再發的。最根本的辦法是食療 —— 少吃肉，多吃菜。」

果然他是說正經的。

「這敢不是『返璞歸真』了？」

「就是！就是『返璞歸真』！現在咱們生活太富裕，太需要「返璞歸真」了。講卡簡單一點，就是轉（回）去咱們以前小漢時的貧赤時代。」

「什麼？轉去我們小漢時的貧赤時代？為什麼？你敢是老顛倒了？當時你厝好額（富有），你沒吃過什麼大苦，所以你安尼講；我是受夠了貧赤之苦了。要我轉去過那種貧赤的生活，我才不要！」

「我不是這意思啦！你誤會了。」

「是五（誤）會？敢是六會哩！若無，你是什麼意思？」

「現在咱們的社會安定，經濟繁榮，生活水準高，錦衣玉食，就吃的方面來講，差不多要吃什麼就有什麼，天天是雞鴨魚肉，餐館林立，常常上餐館，吃大餐，大請客，吃得

男人很多都懷孕，挺著大肚子，可以講生活如在人間天堂，是不？」

「是呀！」

「咱們以前小漢時，經濟貧困，生活困難，有時吃了這頓不知下一頓在哪裡，是不？」

「是呀！」我想起了以前貧窮的生活。「彼時，你厝是鎮上少數的幾家好額人，生活還好；像我厝，米不夠，就加煮蕃薯、蕃薯簽、蕃薯簽乾，菜不夠，就配豆脯、豆乳（豆腐乳）、鹹菜乾（酸菜乾）」、菜頭乾（蘿蔔乾）、自己種的菜和野菜，像烏甜仔（龍葵）、知母菜（馬齒莧）、刺莧仔（一種野杏菜）、九層塔、鵝仔菜（鵝兒腸）、過貓（烏花蕨）等等，吃不下去，只得硬吞，儘管放得很鹹，整天滿嘴還是淡淡的，有時還會溢出酸水來，要吐要吐的，吃得滿臉是菜色。那種生活，你或者可以轉去過，你厝彼時經濟還不錯，要我轉去過，我死也不要！」

「其正啊，咱們是一起穿開襠褲、捏泥土、吃雞屎長大的，我才要講予你聽，你若是一般病人，我就不講了。現在咱們很多人都應該轉去過咱們小漢時那種貧赤的生活！」

「我不懂。」

「你聽過文明病、富貴病沒？」

「有呀！現在的文明病、富貴病，像癌症啦、心藏病啦、迸腦筋（腦溢血）啦、尿毒症啦、糖尿病啦，腰子病（腎臟病）啦、肝炎啦……都是呀！」

「還有，你現在腳目（腳踝）腫痛的關節炎也是。現在正在流行，很多人都流行到了。」

「啊？」我被嚇了一跳。

「咱們小漢時，經濟那麼不好，生活那麼苦；但是大家勇健健，你聽人講過這些死骨頭怪病沒有？」他父親就是患癌症死的，所以他把這些病罵成「死骨頭怪病」，真是恨之入骨！

「有是有，很少呀！」

「這就對了嘛！咱們現在吃得太好了，已經是世界第一的。大家天天大吃大哮，大喝大飲，大魚大肉，油脂太多，膽固醇太多，結果就招來這些文明病、富貴病，招來你腳目關節的腫痛。請問，你是像現在的吃法而受文明病、富貴病的苦好呢？還是轉去過小漢時那種吃菜而身體勇健健的生活好呢？」

現在的生活確是很好，樣樣齊全，樣樣便利，要吃什麼就有什麼，要吃多好就有多好，我們享受不盡，但是往往要受文明病、富貴病的折磨；以前小漢時的生活太差了，要十樣缺九樣，十樣總有九樣差劣，永遠沒法滿足需求。兩者相權，哪一個好？

「當然要現在富有的生活！但是要設法防備文明病、富貴病。」

「那你只好做不出家的和尚了。」

「安怎講？」

「在家吃菜呀！也就是講，生活起居一切不變，但少吃肉，多吃菜。」

「廢話！講了半天，還不是轉去剛才那句『返璞歸真』？」

「是呀！」

「這不簡單呀！」

「安怎講不簡單？」

「第一、咱們的生活水準已經提高到這種程度了，市場內魚肉攤比以前多，賣的魚肉比以前多，菜攤比以前少，賣的菜比以前少，買魚肉比以前容易，買菜比以前困難。第二、現在的菜已經漸漸比魚肉貴了。想當年，我厝種的大白菜，一個個那麼大那麼好，一公斤才五分錢；現在一公斤已經是三十塊了，尤其水果更是貴。第三、家裡吃食的習慣已經定了。大家要吃魚肉，我一個人要吃菜，我家『煮飯的』會替我買菜煮菜嗎？我要她買菜煮菜，她不買不煮，我要安怎？難道我自己買自己煮嗎？就算她買了煮了，別人不會抗議，不會罷吃嗎？咱們現在是民主時代，我的意見沒有比我家么女的意見有力。」

「第一、市場裡菜攤少，買菜的人也少了，買起菜來更快，更容易，不必爭先恐後，不必擠來擠去，更省時間，更便利，嫂子去買幾次後，可能就更喜歡買菜而不多買魚肉了。第二、菜漸漸貴起來，是有這現象。咱們小漢時吃的豆脯、豆乳、鹹菜乾、菜頭乾等等已是物稀為貴，身價提高百倍；但是大概講起來，還是菜比較便宜。咱們不必故意去買珍品。珍品不一定有營養。要買有營養的，便宜的菜。其實，菜是價錢最便宜的時候最當令最好吃，水果也是。第三、吃食的習慣可以改變。曾文正公說：『風俗之厚薄奚自乎？自乎一二人之心之所嚮而已。』這不是咱們高中時在國文課本上讀到的嗎？我現在都可以背出來呢。你是一家之主，是一家的領導者，而且是一名教師，為什麼不提倡呢？想辦法提倡、說

服就是了嘛！民主不是叫人不提主張。提主張，然後說服，你就從少數變成多數了嘛！尤其你這是生病治療，有我這醫生專家作你的靠山，怕什麼說服不了？其實只要你把你生病的緣由講予他們聽，他們也會怕不改變吃食習慣，步上你的後塵的。我相信他們很好說服。我家現在都已經全部吃菜了呀！」

我還能有什麼話說？他是醫生，是專家。他說得沒錯呀！我既然有病來找他，還能不信他的「藥方」嗎？如果不信，我早不該來了。

時光飛逝，近三十年了，那時我才四十不到五十歲，現在已經七十幾歲，我從那時起，照他的話做一個不出家的和尚。這樣的吃食方式，並不覺得不方便，菜卻越覺得「菜根香」，而且加了多吃水果，最重要的是我的左腳腳踝沒再發病，當然其他地方也沒出現痛風的現象。我相信，在生活尤其吃食太富裕的現在台灣，有很多人都該作不出家的和尚。

2012/9/23　更生日報副刊

誰說必須燒冥紙

又到了農曆的七月。那是一般所謂的鬼月,從鄉間到城市,幾乎家家祭拜。正是拜拜和燒冥紙的「旺季」。台灣民間習俗,一年有三個拜拜「旺季」,春節農曆過年那段時間是其一,清明掃墓那段時間是其一,農曆七月這段時間是其一,可說是最旺的「旺季」,到中秋後便算結束了。

不管祭拜祖先或敬拜神明,我們的習俗都燒冥紙,都說燒得越多,祖先或神明越會保佑我們。

其實,真的是這樣嗎?

這個說法,我是不苟同的。

如果是清明掃墓,在荒郊野外燒,還勉強可行;其實還是製造污染和耗損資源,何況在家屋裡燒?何況在人口稠密高樓大廈林立的都市裡燒?燒了,不只耗損資源,把用來造紙的樹木砍伐而已,其製造的污染才讓人憂心。以我住的新莊來說,每到農曆七月中元節那段期間,紙灰便飛揚得到處都是,有如要下雨了,烏雲蔽天,烏天黑地,不但空中和路上,常常飛進家屋裡,把地板和牆壁都染黑了。行政單位後來想出一個辦法,各家戶要燒的全集中定點,集中處理。其實那也一樣是一種累贅。

我家從搬到新莊不久開始,已近廿年不燒冥紙了。起初,

每當拜拜，內人蜜子都燒的。她很有心，農曆每月初一和十五必拜，加上節日，沒多久，新房子牆壁尤其天花板便染得黑漆漆的。我跟她說，不要燒冥紙了；她不聽，繼續燒，燒得牆壁和天花板越來越黑。終於有那麼一天，只得請人把牆壁和天花板重新油漆過。我再跟她說，她才終於聽進去，甘心照做。

　　拜拜後燒冥紙是自來傳統的習俗，卻不見得是好的習俗；更迷信的說法是，燒得越多越可以受到保佑。說對祖先或對神明的感恩和敬意，我願意接受；但對這說法，我自來敬謝不敏。小時候，曾經在中元節時，先父要我拜，我給回以「拜什麼？拜嘴孔啦」，差點被先父賞一個巴掌。長大後更不認同。燒冥紙，製造污染，耗損資源，何況那燒得越多越會受保佑的說法，根本就是無根無據的，是迷信，更甚的是，我認為那是對祖先或神明的侮辱，他們如果可以保佑我們，一定要收到那些「賄賂」才來保佑嗎？信基督教、天主教或其他宗教的人，沒燒冥紙，他們又如何？是否就不受保佑？

　　我家從那時候開始就沒燒冥紙了，日子照樣過，太陽沒有從西邊出來，夜晚過後白天照樣來到，沒什麼異樣。誰說必須燒冥紙？那是傳統的舊習俗，對我這老年人來說是比較會信的；但我就是一向不信。好的信，不好的當然不信。沒有不好的傳統習俗也抓住尾巴不放的道理。

2013/1/20　更生日報副刊

阿公，你不要老嘛

　　好久沒抱起外孫女妍妍了。她是我么女惠惠的大女兒。他們住在三重，距離新莊不遠，除了特殊情況，她每週都隨她父母回來。雖然見面和回去時，她會自動前來和我抱抱，但那只是表示親熱，並不是她小時候我給抱離地面那種抱。今天他們回來，一進門，我便給抱起來 —— 抱離地面。

　　以前抱她，她個子小，體重輕，抱起來輕而易舉。這次抱她可就不同了。她現在已上國小三年級，長大許多了，體重自然增加很多，抱起來，覺得她好重，有點喘，有點抱不動的樣子，抱著，差一點沒讓她給掉下去。難怪，歲月不時在變魔術，小孩子會長大，大人會長老，我已七十五歲，雖常掛在嘴上說人生七十才開始，其實應算是老了。

　　「妳長大了。」

　　「嗯。」

　　「幾公斤了？」

　　「三十一公斤。」

　　「多高？」

　　「一百三十二公分。」

　　「不高，也不重呀！怎麼阿公抱得好喘呢？」我不是在自欺，事實上這身高並不高，體重並不重。如果是年輕時，

那是反掌折枝的事。是歲月讓她身高長高，體重加重，我的體力變小，氣息變喘的。

「阿公，你年紀大了嘛。」她竟然會選擇用字了：不說「老」，而說「年紀大」，上國小或許學的不多，但畢竟有「長進」。

我還在喘氣。

她過來抱著我的腳，有點不忍，想親暱我的樣子。

「來！再抱一次。」我作勢要抱她。「我不相信。」

她一下便跑開了。

「來呀！再抱一次嘛！阿公很疼妳呢。」

「不要。我不要阿公抱。」她有點拒我於千里之外的樣子，說：「你還一直在喘氣。」

「為什麼？嫌阿公老了，抱不起妳了？」

沒想到，她竟然當著大家，一下放聲哭了起來。大家都目瞪口呆，不知所以。

「咦？妳今天怎麼了？」

她不說話，只是哭，眼睛好像在下雨。

這下，我只好安撫她了。

她突然跑到沙發那邊，趴著哭。

好久，她突然抬起頭，說：

「阿公，你不要老嘛！好不好？」

這下，換我的心在下雨了……。

2013/6/3　更生日報副刊

神奇的意志力

　　國家圖書館參考組來電，要收藏我的手稿；我於是翻箱倒篋地找舊稿，不料在一個好久沒去注意的地方翻到了一篇一九九六年寫的舊稿，不知什麼原因沒有完成。不是這次國圖參考組來電要手稿，它可能就一直被擱置在那裡。

　　一九九五年某日傍晚，內人蜜子前往泰山收費，於回程被一輛逆向的發財小貨車撞及，出了車禍，肇事者逃之夭夭。出事地點正好在該鄉分駐所的左前方，經路人報告，警員乃叫救護車送她到現在已改為署立的台北醫院。

　　她在那裡躺了十九天，其中有五天在加護病房，其情況可以說相當嚴重。外傷不說，最嚴重的是腦部左前葉蜘蛛網膜破裂，腦部瘀血，水腫。雖然她的大姐、大弟和同事曾主張開刀，她的一名同事還透過關係給她預約了林口長庚醫院的醫師和病房。我請教醫師，得到的回答則是，開刀沒有百分之百的成功率，問開刀後思考和講話會不會錯亂，得到的回答是可能，再問用藥物能否除去瘀血，得到的回答是可能；我於是決定不讓她被開刀，用藥物來跟它拼。

　　初時，她整天昏迷不醒。遵照醫師囑咐，每一個小時左右搖醒叫醒她一次。她常常醒來也不認得誰是誰，問她東，她答西，即使答對了，下一次照錯不誤；後來雖然情況好轉，

仍然叫人憂心忡忡，即使出院前一天，我的姐妹和弟媳來看她，她仍叫不醒。我用手指撥開她的眼皮，她仍只看了我們一眼，立刻閉起眼睛，沉入昏睡中。我三弟媳沒話找話說，和她談保險，她竟然立刻睜開眼睛，精神全來，和她大談特談。原來她是國泰人壽的展業員，由於太過投入，滿腦子保險工作。即使在加護病房裡，她的同事來看她，她在昏迷中，也一再叮嚀她們，趕快去賣保險；談到她的客戶，她如數家珍，誰的保費什麼時候收，她都記得清清楚楚。如有客戶來看她，雖然稍後問她，她可能已遺忘，當時她仍高興非常，和他們有說有笑。為此，我曾很不高興，好幾次嚇唬她，如再滿腦子保險，出院後不讓她上班了。可是，如何嚇唬得了她？她竟然於出院後一個小時內，趁我去學校上課不在，強著么女惠惠帶她去公司。

知道後，我自然很不高興。

想必是知道我嚇唬她，不讓她去公司上班，當我到公司去接她時，她公司的劉經理竟然很技巧地找我「聊」，不露痕跡地給我「洗腦」。他的意思是，人的意志力是無限的，作用力極大。蜜子車禍，這麼快出院，是意志力使然。她就是想工作，沉迷於工作，所以會這麼快好。現在出院了，如不讓她上班，她心無所屬，可能好得慢，甚至惡化下去，又回復昏睡狀態。她既然想工作，有意上班，尤其沉迷於工作，就該讓她繼續工作，對她的病情才有幫助，可能很快就會好起來。

其實我只是嚇唬她，不忍心她太沉迷，太操勞，希望她多休息，也許對病情的好轉痊癒有幫助。她公司的劉經理既然這麼說，我也覺得有道理，只好每天接送她上下班了。沒

想到，正如劉經理說的，她的情況好得很快，沒多久便自行上下班了。

　　人有外表肢體；但決定一個人的，不在他肢體的大小和強弱，主要是他內在的意志力，其實就是精神力量。意志力確實是很神奇的。很多事情，明明是力所不能及的，由於意志力的堅強，卻能做成功。戰場上，常有戰士，雖被槍彈擊中，已經氣絕，卻能維持原姿勢而不倒，甚至仍開槍射擊敵人。何故？無他，意志力也。先父過世時，雖已斷氣多時，被安排躺在廳側，他的最小妹妹獲得通知回來，從前庭哭進廳堂，他竟然聽到哭聲，立即睜開眼睛，直到被人用手將上眼臉抹下，才又閉上。何故？無他，意志力也。我的散文集「綠蔭深處」，就是晚間坐在電視機旁寫成的，而且差不多一個暑假便完成。當時電視台正播放一齣很轟動的晚間連續劇「保鑣」，我卻能坐在旁邊猛寫，不受影響。何故？無他，意志力也。例子要舉，多了。一個人活在人世間，適當善用意志力，勉力而為，實有必要。老人年紀大了就無能為力了嗎？非也。老人體力或許稍差，只要打起精神，仍可用意志力，成就事情。歷來許多老人，在年紀一大把時仍能成就事業，不是他們有什麼特殊體能。無他，意志力也。

2013/9/17　中華副刊

布袋和尚

　　又碰見布袋和尚，在文化中心。在台灣，鄉鎮區級的單位很少有文化中心，新莊則有。

　　好久沒碰見他了。

　　他姓張，大家原都稱呼他張老師，卻因他長得像佛教傳說裡的布袋和尚，言行舉止也幾乎完全相像，有人給起了個綽號叫布袋和尚，大家便跟著叫。是誰先給起這個綽號的？記不起來了。印象裡好像是哪個調皮的學生最先給起的，然後一傳十，十傳百，大家便跟著叫，叫慣了，常常甚至連他原來的張姓都給忘了。不止老師同仁，連學生也沒大沒小地這樣叫。直接叫布袋和尚順口呀！而他也欣然接受。

　　「布袋和尚！」是一位女職員叫的。

　　「有。什麼指教？」好大的回答聲！

　　然後這位女職員跟他談找他的事。

　　「布袋和尚！」是一名男學生來請教課業的問題。他還是不以為忤，笑嘻嘻地回答他提出的問題。

　　布袋和尚，山東人，是退伍轉業來任教師的，年齡自然比我大，現在應該已八十好幾了。不管是誰，也不管是什麼時候，見到他，他都送給人家一副笑臉；此外，他講話聲音宏亮，身子又硬朗，抬頭挺胸，更給人健康的印象。他的人

和身子、笑容及聲音一個樣，簡單一句，就是陽光燦爛。只要他在，所有陰霾都不翼而飛。樂觀呀樂觀！歡喜呀歡喜！這樣的一個人，教起書來，不管他的學問如何，單是他的這一氣質，就很能濡染給學生，給學生以示範了。教育，口若懸河，講了一堆大道理，不如以身作則。講了一堆大道理而不身體力行，等如丟給人家一堆垃圾。身教重於言教！

　　不止如此，他的心地也是。他是天生的樂觀派，一切向正面看，更樂於助人。不管是誰，有什麼困難，他都樂於幫助。是老師同仁的也罷，是學生的也罷，是學生家長的也罷，是不相干的校外人士也罷，他一視同仁。助人哪還分身份、時間和地點？所以他和我同一年退休後，便設法去找當義工的機會。不辜負他的所望，他當起了文化中心的義工。

　　平常我比較跑活動中心，較常去的是黃愚、長青和思賢三個，有一段時間也常去福壽，所以和他見面的機會比較少，這次見面，免不了問他最近的情況。正如我所料：多此一問！當然很好。

　　願他一如過往，永遠身體健康，聲音宏亮，樂觀，歡喜！當然，還有，永遠是布袋和尚！

2013/19/13　中華副刊

防曬？曬太陽！

　　看到一則報導，標題為「防曬過度，吃鈣補骨可能白作工」，主要內容是「猛塗防曬乳，把自己包成古墓派小龍女或木乃伊，會阻礙人體合成維生素 D，吃鈣補骨白忙一場。」引中華民國骨質疏鬆症學會秘書長、台大北護分院老年醫學部主任詹鼎正的話說：「一旦防曬過度，缺了維生素 D，補鈣卻沒補到骨頭，浪費了。」

　　這明白告訴人，現在許多賣美白商品的廠商，為推銷產品，每每過度強調美白，說詞是保護皮膚，以免被紫外線所傷，卻誤導了許多婦女及老年人，為了美白，逃避曬太陽，以致白忙一場，骨質照樣疏鬆，甚至更嚴重。正為這一句台語俗諺下註腳：「愛水（美）不怕流鼻水。」

　　想起小時候，每到冬天，大家玩擠牆角和曬太陽的事。大約是讀小學的時候，因為經濟都不富裕，每到冬天，衣服單薄，怕冷，一下課便成群結隊地做這兩件事；所以取暖也。兩者取暖的意義差不多大家都知道，而比較特殊的是，說曬太陽可以攝取維他命 D。那時我其實是迷迷糊糊，似懂非懂；後來才慢慢從書上獲知，曬太陽可以獲得造骨的維他命 D，可以幫助造骨。這事，應該老一輩人都會有印象才對。

　　說紫外線會傷害皮膚，那時是沒有的事。其實不是沒

被傷害過。去年回南部掃墓時，堂弟還跟我說，年輕的時候，他常看到我，不戴瓜笠（斗笠），整天在家屋後面那塊香蕉園做工，讓大太陽曬，問我那時是否不怕太陽曬？說真的，那時我根本無視於太陽的威力。或許不是無視，說正確一點，是無知。是太陽曬了皮膚會黑掉沒錯，不只做工，那時我每天差不多都只穿一條水褲（內褲），到牧場放牛，到田裡做工，到水裡游泳，在農村裡到處亂跑，皮膚被曬黑掉了根本不理，黑掉了，隔一段短時間就又恢復了。那有什麼好怕的？俗話說：「二十年後又是一條好漢！」大概可以引用到這裡吧！

　　不知什麼時候開始，曬太陽會被紫外線所傷，這說法悄悄橫行。當我正式面對時，這說法已穩如泰山，動搖不得了。我一直懷疑，這到底是怎麼回事？但是懷疑歸懷疑，這說法如流感，不住蔓延，大有當代主流的架勢。那一股勢力，勢不可擋，凡被感染的，都這麼說，很有孟子所謂「洪水猛獸」的氣勢。原來那是製藥廠商的宣傳在作怪。我一個小百姓，無權無錢無勢，能夠怎樣，去逆鱗，不外是螳臂當車。但是我就不信邪。我一直堅持我的看法，吃什麼維骨力等補鈣的食品，如果不曬太陽是沒用的。

　　現在詹鼎正表示，「人體可從日曬自行合成維生素 D，維生素 D 可促進人體吸收鈣質、調節副甲狀腺素濃度以減少骨質流失，也確保骨骼進行正常更新與礦質化，增加骨密度……。」

　　無獨有偶，另一則報導說：美國華盛頓貝林漢基督教學校公告，因為天晴，放「晴天假」一天，鼓勵全體師生「好

好享受這一天，把你在戶外陽光下玩耍的趣味照片寄給我，我們會在週一的朝會當中跟大家分享。」

那麼，曬太陽不好嗎？我還是以為，只要曬得不太過，多曬一些太陽是好的。曬了太陽，才會有維他命D來幫忙造骨，鞏固身體支柱。怎麼曬太陽就不美呢？紅人就不美嗎？黑人就不美嗎？其實美的標準隨人隨時代在改變。古時西施是美女，楊貴妃也是美女；如果把她們移到現代，她們還會是美女嗎？常聽到的西施是「病西施」。至於楊貴妃怕要說是大笨豬了。愛美的婦女怕要用心思考一下，老年人更要大加思考了。

2013-11-23　更生日報副刊

異鄉？故鄉！

　　退休後，選擇住在新莊，沒回去潮州定居，不少人奇怪。他們認為我在潮州出生長大，那裡才是我的故鄉，有許多親切的舊東西和鄉情可回味，而且那裡是鄉下，定居那裡可以享受田園之樂，對我這熱愛鄉土和田園的人來說，不回去，沒法理解，紛紛勸我回去定居。有些較親近的還以近乎諷刺的話激我。我至今則不為所動。

　　他們的說法，我認為很有道理。但是，我有我的原由。

　　　　既然出生在這裡
　　　　我就要永遠居住在這裡
　　　　要把根釘下去，釘下去
　　　　不管有什麼阻力
　　　　深深釘下去，釘牢這塊土地
　　　　堅定不移，牢不可拔

　　念舊，回想過去，戀戀不忘舊情，甚至思鄉，以致「落葉歸根」，這是人之常情，我在《大板根》一詩中就寫了上面的詩句；如果沒有不得已的苦衷，我一定會做到。但是，其實住哪裡，還要看情況。古時，人類逐水草而居，後來有

孔子所謂的「擇必處仁」，那就是選擇居住所在的原則。我遷居新莊前，常動不動就感冒，流鼻涕，鼻塞，打噴嚏，曾經想方設法尋找其原因，卻得到無解的答案；設法醫治，甚至被一名中醫用燒灼的方法，燒灼到嗅覺失常，現在聞不出香味和臭味；遷居新莊後，那些毛病就很少見了。後來從新聞報導中得知，全台灣空氣污染最嚴重的地方是潮州火車站，我終於找到答案了。原來我的常感冒、流鼻涕和打噴嚏是空氣污染造成的。我起初很懷疑，怎麼潮州火車站會是全台灣空氣污染最嚴重的地方？後來想想，林園石化工業區飄來廢氣，或許不無可能，該火車站西面的幾支煙囪也有可能。那是平常吹西風的時候，另據屏東縣環保局空氣污染防制科最近表示，入秋後，約半年時間，潮州包括屏東地區慣吹北風或東北風，從雲嘉南高雄等地工廠噴出的廢氣甚至從大陸飄來的沙塵暴，被帶到這下風地帶，而南大武山是個天然阻攔牆，所有污穢的空氣便在那裡聚集肆虐，那就更嚴重了。至於最近傳出的重金屬污染則只補了我一拳，不是必然的因素。我會決定住新莊，不搬回潮州，最主要的原因就在這裡。

　　其實，台灣只是一條小蕃薯，住哪裡不都一樣是故鄉嗎？擴而大之，現在是什麼時代了？科技極度發達，講電話可以直接看到對方，仿佛面對面話家常，甚至會議都可以不必聚集在同一個地方，而採視訊會議方式進行，已經是「天涯若比鄰」，距離可說沒有了，不論住哪裡，我們等同住在同一個村子裡，什麼地方不能「處處非鄉處處鄉」？至於田園的事，我以為我一再的主張沒錯：可以身邊無田園，只要心中有田園。這是「大隱隱於市」的道理，但看個人的認知了。

何況現在都市的各項設施，對老年人來說，不管食衣住行或休閒、養老、運動、醫療甚至進修，都比鄉間好，何苦要斤斤於鄉間和都市之別？何苦要斤斤於故鄉或異鄉？只要心安，認知可以居住，過得「安和樂利」，異鄉可以為故鄉。正是「處處無家處處家」，「處處無鄉處處鄉」！

2014/1/4　中華副刊

應該感謝

　　越來我越覺得應該感謝 ——

　　感謝當年因時代的不利，戰後經濟的艱困，又在貧窮的農家出生長大，使我得以養成節儉不奢侈浪費的習性，到現在吃飯仍不掉落一顆飯粒，穿著仍樸素無華，不花精神、時間和錢財去化裝自己，成為花花公子，而且因當時人力不足，使我非得勞動不可，乃磨練出刻苦耐勞的習慣，也磨練出相當健康的身體，沒什麼大病來找麻煩。

　　感謝沒有輝煌的家世，沒有可作靠山的父母作背景，所以沒養成浪蕩子的習性，一切行為都能堅守正道，不懂為非作歹，甚至不吃零食，使我沒被塑化劑、色素、蓬鬆劑及其他添加物等毒素所害，也不吃宵夜及少吃其他所謂「好料」、「好餐」，使我沒被那些發胖、心血管和癌症等貴族病親睞，到現在仍覺得沒什麼不必要的負擔，輕鬆過日子。

　　感謝我從早年因居住鄉間農村，養成勤勞習性和不亂吃有害身體的東西而外，還喜歡運動，到現在依然不變，身體自然健康，沒什麼大毛病，體重六十二公斤左右，與一百六十二公分左右的身高相比，相當標準，不過胖或過瘦，不過高或過矮。

　　感謝教育給我得到知識和智慧，使我能辨別是非善惡，

以道德標準作行為的指導原則，沒走入歧途，並且有能力以正當的方法求得生活所需，特別要感謝過去許多師長的諄諄教誨和許多先哲留下那麼可貴的心血結晶，讓我得以吃食和喝飲許多瓊漿，攝取許多營養。

感謝造物者的恩惠，讓我生而為人，能安享一般人的所有權益，具有靈性和智慧，活成一個真正的人，有堅強的意志和耐力，去歷經艱難險阻，跋涉千山萬水，達成所要做的事。

感謝在農村鄉間出生長大，有和大自然親近的機會，熟識大自然，和大自然有深厚的感情，所以會盡最大可能，去愛護和我們同在地球上的大自然諸種動植物，和它們同生共存。

感謝父親把沉默寡言遺傳給我，使我做事低調，不強出頭，避免與人爭鋒，能夠心中正，逃免於煩雜事務的干擾，好吃，好睡，好成長，好為人，好做事，過平平安安和和樂樂的日子。

感謝從小就愛文學，瘋寫作，雖大學攻讀的是法律，卻一直未改變對文學寫作的興趣和追求，三十幾年前南部一家周刊專訪我時就以「理性和感性集一身」為標題，點出我雖攻讀法律卻沒放棄文學；現在我退休了，反而專注於文學尤其文學寫作，心有所託，應該感謝不會像有些人一退休便沒事做，茫然不知所措，以致提早「離去」。感謝呀感謝！越來越覺得我應該感謝！

2014-01-29　更生日報副刊

新庭院

　　我這一輩所謂戰後嬰兒潮的人，年紀都已老大了。歷經許多艱難困苦，有許多忘不了的記憶，其中之一是當年夜晚在庭院裡的記憶。

　　那是怎樣的一個年代呢？

　　一般說來，白天大家都忙。大人忙他們的田事，忙得土頭土臉的，不但無暇照顧小孩子，連小孩子也「沒牛使馬」，要參加農事，晚飯總是太陽下山黑暗來統領大地了，作母親的才回家煮，很黑了才有得吃。曾有些作家想當然地寫，農家每當夏天傍晚時分，在瓜棚下吃晚飯，乘著晚涼，欣賞天邊的落日，聆聽蟲鳥演奏音樂，過閒適的田園生活。好不詩意！那些人是不知農家辛苦的。吃過晚飯後，算是比較有空了。從那時到入睡前，大家老老少少，便在庭院裡，或休息，或打拳，或唱古早古早的民歌、山歌、情歌、採茶歌仔、歌仔戲調，或推（拉）弦子、彈月琴、吹洞簫、笛子，或聊天，或做遊戲。小孩子最喜歡的當然是聽大人「講古」了，還有就是做各種遊戲，譬如捉迷藏、踢空錫罐、賽手技、單腳競走……甚至摔角，追撲螢火蟲，每每鬧成一團，笑聲四散飛揚，當然也免不了有哭聲……。

　　現在我退休了，沒回去鄉下住，而住在新莊。新莊近年

發展得很快，儼然成了一個新興都會區，熱鬧得很；但是就沒庭院了嗎？舊時在庭院裡的樂趣就沒有了嗎？不是的。我找到了新庭院。

我的新庭院是公園。

除了特殊情況，不能前往，我每天傍晚都走路到思賢公園作運動。

到傍晚時分，這裡好熱鬧！來這裡的人，男女老幼都有，當然以老人和小孩子最多。這裡有廣大的地坪，有步道，有花有草有樹木，有許多公共設施，供休閒、娛樂和運動的都有。來這裡的人，有在運動器材上作運動的，有坐在椅子上話家常的，有下棋的，有步行的，有靜靜休息的……多種多樣，各得其樂。老人有拄著枴杖的和沒有拄著拐杖的，有坐在輪椅上自己操作或被推著行進的，小孩子最活潑，溜滑梯，溜滑輪直排，追逐，打球，笑鬧甚至不免有哭泣。這情形，活動的種類可能和早年鄉間庭院裡的不同，那是時代推移的必然結果，不可怪罪；但作用則是一樣的：休閒，娛樂，運動。說這是現代版的新庭院，應該不會錯到哪裡去。

我到這裡，差不多都先做柔軟體操，然後做空中漫步，拉肩頸環，做腰部輪轉運動，步行，以手指頂地的伏地挺身，仰臥起坐，以爬梯的橫桿揉小腿和肩背當按摩，偶爾也和來這裡的人閒聊。閒聊的內容大都圍繞在小時候的困苦生活。原來新莊的居民，大部分也和我一樣，是從中南部來的，早年的生活也和我一樣，都是在田間打滾，捏泥巴、吃泥土長大的。生活和生長的背景幾乎一樣，聊起來，有共同的話題，特別親切，特別有趣。

　　從和他們聊天裡得知，他們有好些一大早就來運動，散步，做各種活動，如舞蹈，打太極拳，做易經操等等，發展得比當年在鄉間的庭園更活潑有趣。這些我則沒參與。

　　我在這裡找到了新庭院，拾回了許多早年的美好記憶。

2014/3/20　中華副刊

獨生子的悲哀

　　獨生子，一般都被視為「天之驕子」，每每集所有寵愛於一身，從小就讓父母、祖父母寵愛有加，其他親友知道也大都附和，予以寵愛，所謂「糖甘子」也，要什麼有什麼，飯來張口，錢來伸手，只差沒能把天上的星星摘下來給他。一般就說這是好命。

　　但是其實真是這樣嗎？

　　我以為通常不是的。他們大多不但不會「好命」，還往往反而落入「歹命」的悲哀境地。這如果用女人「紅顏多薄命」來比喻，可能相當貼切。古來「紅顏」每因長得漂亮，多受寵，被追逐，遭攀折，最後只得成「黃花」，老年就有嘆「薄命」的份了。獨生子大率也複印這現象。

　　怎麼說呢？

　　因為獨生子大多從小被寵愛慣了，可以好吃懶做，可以飯來張口，錢來伸手，小的時候得不到就拿出「哭」這秘密武器，大了甚至出以要脅動武，新聞還報導，有些更太超過，將父母、祖父母予以殺害。這就讓他們每每變成不會做事，沒有能力，一切靠父母、祖父母，甚至流為遊手好閒，流為「了尾囝仔」，以其父母、祖父母之財勢去欺壓別人，為非作歹；父母在、祖父母在時還有靠山，勉強可以維持一下場面，

甚至風光異常；一旦他們走了，就「一切去了了」了，「兵敗如山倒」了，往往監獄早就預留有他的位子。那豈非「歹命」悲哀之事？這情形，街頭巷尾，大眾媒體的報導，已是有目共睹，眾所周知。其實富家子弟和權勢子弟也不遑多讓。

　　當然，不是所有獨生子都會落入這樣的境地。這就要看當事人的智慧和定力了。也有人因此反而有作為的。皮球拍得越重，彈得越高！修養好自己的行為，培養好自己的能力，不受寵愛環境的影響。這是這種獨生子的特色。只是在那種情況下，任誰都不那麼容易做到。那很可能是引誘他走入歧途的誘餌，父母、祖父母這些寵愛他的人，正是「愛之適以害之」，常聽說「萬能的父母生下白癡的孩子」，怕就是這道理。人本來就有依賴性、墮性，非有大智慧、大定力，恐難克服。

　　所以，別以為自己是獨生子就沾沾自喜，要自己有所知覺，多所克制，不被寵愛的環境所影響，要能自我磨練；否則，那反而是獨生子的悲哀，不是幸事。貴為世界大富豪如比爾・蓋茲（Bill Gates）和艾倫・巴菲特（Warren Buffett）深知這道理，所以倡導「窮養哲學」，不讓自己的兒子在他們的公司享受「既得利益」，要他們從最基層的地方做起，去做一般人做的工作，去磨練技能，培養做事的能耐，以便能立足社會，有自己的光輝。只是有這種前瞻眼光的人，世間少有就是了。哪一個獨生子會有幸碰到這樣的父母呢？

2014/6/29　更生日報副刊

我的怪怪早餐

養生已成了現代人的顯學。越來越多人注重養生。隨著「早餐吃得好，午餐吃得飽，晚餐吃得少」的流行口號，越來越多人問我早餐吃些什麼。

我的回答是：吃我的怪怪早餐。

「什麼？你的怪怪早餐？」乍一聽到，他們的即席反應是這樣的驚問。

追本溯源，這名稱是由我剛退休那些年煮怪怪麵而來的。那時，內子還沒退休，中午常沒回來備飯，午餐便由我自己解決。我一向厭於外食，主要是考慮營養、衛生和毒害問題，尤其後者，都自己做午餐。我本來就會煮食；但認為只煮自己一個人一餐吃的，每樣食物都煮一些，太囉唆，實在划不來；為求方便，便把所有要煮的麵和菜等一起放下去煮，美其名為怪怪麵，其實說是雜菜麵也沒什麼不可以。這怪怪麵還轟傳到她初中時的導師林老師那裡，常常說要來吃我煮的怪怪麵，卻因我住在新莊，她居住地遠在屏東，兼且年紀一大把，到現在沒能成就這件事。

後來，內子早餐都吃的燕麥片，我吃什麼呢？再三考慮的結果，我便把我的怪怪麵變身成怪怪早餐了。

我的怪怪早餐內容大部分是豆類，計有黑豆、大豆（白

豆，或稱黃豆）、米豆仔（百米豆）、紅豆、綠豆、黑麻仔（黑芝麻），此外有米類燕麥、高粱、薏仁、粟子（小米）、紫米（黑糯米）、糙米等。每天晚上，我給放進瓷碗裡，用過濾清水洗三遍，然後浸過濾清水，第二天早上起床後，再用過濾清水洗四遍，把水倒掉，洗主要是在把農藥殘留除去，浸則是泡軟好煮了不會硬梆梆的，再放進切好的蕃薯、南瓜、洋蔥，有時加放紅菜頭（胡蘿蔔）、芋仔（芋頭）、芹菜、花菜（花椰菜）、山藥（淮山）等，必要時洗個雞蛋整顆放一起，加入少許過濾水。大功告成後，仍用原來的瓷碗，放進盛了適量過濾水的電鍋裡，打開電鍋開關，讓電鍋自己煮到自動關掉。

不放鹽嗎？

不放。放一些也無妨。鹽對人體有所幫助是不可否認的；但放太多有礙腎功能也是事實。控制鹽量是必需的。這正如老虎，很兇猛，會傷人，甚至吃人；但我們還是給列為生態保育物類，不讓牠們滅絕。鹽量要嚴加控制；否則，小心腎臟健康！

沒放鹽好吃嗎？

這是個大問題。吃食所以維生。吃食乃求健康。這是我們吃食的主要目的和基本作用。最初人類都秉持這原則吃食。後來漸漸變質，要求好吃，以致於今，什麼 QQ 嚼勁，什麼色香味，什麼酥軟，什麼入口即化，什麼漂亮顏色，叫煮食的媽媽們好生為難，而食品製造廠商要挖人們口袋裡的金錢，撫慰人們的嘴巴和肚子，乃想方設法去搜尋，去發明，去無中生有，變出許多花樣。要色嗎？添加色素吧！要香嗎？

煎煮炒炸吧！加芳香劑吧！要味嗎？放鹽、糖、味素、辣椒醬、醬油、豬油、葵花油吧！還有，防其日久腐爛，放防腐劑吧！然後有什麼塑化劑、毒澱粉什麼什麼的，無所不至。這樣一來，吃的人高興了，製造販賣的人也高興了。哈，歡喜就好！

　　也許有人認為這樣是雙贏。其實不是的。究其實際，食用者是大輸家；製造販賣者是大贏家。最近許多吃的東西不都出現問題了嗎？我們每天吃的東西有許多是有毒的。約十年前，我就寫了一首台語詩，題為「吃什麼」，在 1994 年 11 月 9 日出版的台灣時報副刊發表，對吃發出警訊和質疑。錢是製造販賣者賺走了；吃食者的健康卻受害了。我們每天吃進多少毒呢？誰知道！那麼，看看身邊的人吧！癌症、過胖、膽固醇過多、糖尿病，洗腎、心血管疾病等等是怎麼來的？都是由於吃食習慣不良的毒害。在這個「毒品」氾濫成災的時代，吃食便要有原則了。少油，少鹽，少肉，多蔬果，多五穀雜糧，或許是救星。我所謹守吃食的主要原則是，避免加工精緻食品，多吃天然食物，不盲目求色香味，以營養、衛生和健康為尚。越是具色香味的食品，越是「好吃」的食品，吃了越會讓人「中毒」。現在很多人紛紛以美食為尚；其實就營養、衛生和健康來說，可能適得其反。想想，那些毒品，如鴉片、嗎啡、速賜康、K 他命等，之所以讓人一試就被黏住，改不掉，貽害終生，原因不就是那些毒品「好吃」嗎？好些人嗜好美食，和吃毒又有什麼不同？遠離美食，求飲食清淡是必要的。我甚至為文主張「遠離大餐」。每次參加宴會大餐或外食回來，總要「消毒」好幾天。我的怪怪早餐

就是這個理念的結果。

　　至於我的怪怪早餐，內容多是健康的。古云：「吃豆長壽。」我用的「料」，除五穀和菜類，主要是豆類，正符合這項要求。就現代營養學的研究來看，豆類的營養成分很高，很少造成負面作用，對健康有好處，沒有壞處。尤其其中有些「料」，還有排毒及防範各種病變的作用，例如防癌、防肥胖、防心血管疾病等等，則更可食用了。

2014/11/12　更生日報副刊

難得的古風

　　氣象局捎來今年第一個颱風的消息。說的是不會進來，卻引發我聯想到去年七月中旬那個麥德姆颱風來時的一件窩心事。

　　其實那個颱風也沒進來，只是據氣象局的預報，說是強烈颱風，讓我們很緊張了一陣。

　　話說，我的么女惠惠嫁到雲林縣水林鄉；但她和夫婿兩人都在台北市的國小任教，住在三重，又都擔任行政工作，差不多只有寒暑假才擇期多請幾天假，帶兩個蘿蔔頭回「鄉下」省親。那次颱風警報前，他們已經選定在七月十二、十三日利用周六、周日加請兩天假回去，雖然獲知颱風警報也難於改變。

　　可是他們幾年前買在關西那塊地種的稻子，已生長到差不多可以收割的程度，不去收割，颱風一來，或會被颱風全盤「收割」而去。何況據氣象局預報，這個颱風還是強烈的。我和內子從小住鄉間農村，這情形我們很清楚。那時，每逢颱風來時，大家都很緊張，趕緊搶著收割；如果沒來得及收割，稻子便會被颱風吹得倒伏，浸水，發芽，全部落入所謂「泡湯」的地步，損失不可謂不慘重。農民的日子是這麼難過的。

　　他們回水林去了。我們為那些稻子沒收割而急；但急也沒用。我們打了幾次電話催促，也是惘然。「皇帝不急，急死太監」，又能如何？

　　還好。那麥德姆颱風終於沒進來，轉往日本那邊去了。

　　想當然他們必定也是急的。他們提前一天回來，先順路前去觀看，好準備收割。沒想到那些稻子被「偷割」了。

　　原來是隔臨的農民，獲知颱風即將來襲，趕緊收割，又見他們沒去收割，乾脆一起給收割了，裝了好幾布袋（麻袋），等到他們去便交給他們攜回。

　　回憶早年，住在鄉下農村時，有所謂放伴的事。因為當時還沒機械化，農事往往相互幫忙，互換工作，「湊腳手」，今天我家工作多，鄰居出力幫忙做，明天別家工作多，我家出力幫忙做。這或許有些古時周公創井田制度的樣子吧，我原以為隨著農業機械化已經消失無蹤，沒想到卻在那裡發生，延續古風不絕。或許是那裡比較偏遠吧！也或許是因為客家人比較保有這類風俗吧！這比放伴更叫人窩心。古風，難得的古風！

2015/4/24 人間福報副刊

眾口齊護博愛座

　　這幾天天氣雖尚寒冷；但其實很明顯已可感到春天的氣息。正好氣象局預報說明天又會下雨，趁今天天氣還不錯，提早去賞櫻花吧！原說好去平菁街，我們先搭捷運到士林，在捷運士林站，卻接連好幾班公車都擠不上去，我們終於改到天元宮。一天去回，時間綽綽有餘。

　　想起去年去陽明山賞花在公車上碰到的一件事。

　　也是趁天氣稍為回暖，利用非假日，和內人蜜子同往陽明山一遊。賞花，看美景，兼吐一吐那些日子裡被寒流荼毒的鬱氣。

　　那天，我們乘坐六五二公車，從新莊中和街上車，到台北鐵路總站，下車，穿過鐵路站區，在後站轉二六〇公車，到陽明山總站，轉乘遊山公車，沿路經小油坑、夢幻湖、冷水坑、二子坪等，遊到擎天崗，一路順暢，雙眼暢遊於山區的眾多林木和花草間，呼吸也因山間清爽的空氣而大為舒適。然後乘坐遊山公車回陽明山總站，走路到陽明山公園。陽明山的櫻花季是有些過了，只剩零星的一些櫻花還開著；但是杜鵑花卻代之而起，只見杜鵑花開得燦爛，紅的，白的，粉的，一大堆，美不勝收，看得目不暇給。蜜子總把我當模特兒和花一起拍照。我們留連忘返，直到天快黑了，才沿原

路回來。

　　兩個退休老人，一天折騰下來，是疲累了。從陽明山下來，座位沒什麼問題，但是到台北車站就不同了。這時正是學生下課和許多成人下班的時間，乘坐公車的人如螞蟻群，要有座位不那麼簡單。我看得直皺眉頭。一上車，蜜子習慣性地往車廂後座走。這是我們乘坐公車的習慣：她往後座走，我在車廂前半地方。主因是我有時會暈車，尤其太累或身體虛弱時。我今天一上車理所當然地就被擠在前車門附近。這時一名年輕的男生看到，讓座給我。平時乘坐公車，就有好些年輕人讓座。這情形早在我五十歲左右便開始了，主要是我的兩條眉毛早就幾乎全白，為我「偽裝」年老。但是我因愛好運動，退休後也每天傍晚去運動，體力還可以，常常站著不坐，還嫌他們太「體貼」；今天可不同了，我如獲至寶，老實不客氣就坐下了。只是心裡一直記掛著蜜子有否座位，可是車上人多，擠成一團，形如一道道人牆，我坐著，視線被遮，看不到。公車開到三重中華路站，許多乘客下車，我看到她了。也有人讓座給她。我心裡的記掛得到舒解了。我們的教育相當成功。現在的年輕人很能體貼老年人的體弱，禮讓座位。

　　到站下車時，我說慶幸這一趟車能有座位，盛讚年輕人的體貼，讓我們有座位坐；不然恐怕有得好受了。

　　「才不呢！」

　　「怎麼了？」

　　「我那個座位本來是一個年輕人坐的，他看到我就站起來，意思是讓我坐；沒想到一個高中女生竟一屁股搶先坐下，

旁若無人地開始滑她的手機電腦遊戲。現在的低頭族太過分了！」

「啊？」

「站在我旁邊的兩個婦人家看不過去，開始你一言我一語地批評現代年輕人沒教養，越說聲音越大越氣憤，後來又有人加入，好像要大事撻伐，把現在教育的失敗一起吐出來，歸咎於許多家長寵壞孩子，讓老師教育學生的功效大打折扣，說這些不守規矩的學生，其實就代表他們家家教差，以致道德墮落，不停危害社會，這社會才會這麼烏煙瘴氣，什麼什麼的講了一大堆，那年輕女生終於抵不過她們的挖苦，羞慚地站起來走開。」

哦，博愛座也能有教育功用？應該說是眾口齊護博愛座吧！

2015-06-16 更生日報副刊

包容是美德

　　春節是我們的一個最重要大節日，一直以來，從中南部到北部的人大多回中南部過節了（當然還包括從東部和金馬等外島來的也回東部和外島了），使台北幾乎成為空城，平日常常打結的交通頓時變成順暢無阻了。內子提議前往陽明山一遊，說一如往年，趁這時遊人較少，不必等過了年去跟人家人擠人。我一直以來就怕乘車的擁擠，連過年過節都少回南部。當年讀大學時，趕學校開學和學期結束回家，逼不得已非和人家擠不可，擠怕了；何況現在年紀大了更怕去和人家擠。既然春節台北人少了，交通順暢了，趁隙去陽明山走走，我認為這很不錯。往年我們經常這樣做。就說是散散心活動活動筋骨也好。

　　好吧！這就走吧！

　　乘坐六五二公車時，覺得和平常沒有什麼不同，只是乘客大都不是講台語的，聽起來腔調可以分辨得出，到台北總站轉乘遊陽明山花季二六○公車時也不很明顯有什麼異狀。一個個都是黑頭髮、黃皮膚、黑眼珠的嘛！從劍潭站開始，這種人就更多起來了，整輛車裡幾乎十分之九都是。但我還沒那麼敏感，當公車往山上爬內子說塞車時，我還玩笑地辯說應該是前方有紅燈的關係。可是辯有什麼用？抵不過塞

車。車子越走，越見塞車。那還能強辯嗎？奇怪！人不都回南部去了嗎？台北不都成空城了嗎？怎麼會塞車呢？今天跟往年怎會不一樣？那些不都是當年王陽明所說「鴃舌」的「夷人」嗎？哪來的這些人呢？

　　車子到了公車陽明山總站，我們下車換步行。還是一樣。滿路都是那樣的人。他們最特別的是：年輕，活力充沛，不拘小節，行事粗獷，嘰嘰喳喳，不停地大聲講話，不停地大聲笑，不停地衝，不停地搶路，搶位。到花間則更是猛拍照。要賞一賞花都難找到空隙，到處幾乎都有他們的人，他們在拍照，阻你的路，阻你的遊興。唉，煩！想想，回去吧！失望地，沒趣地往公車站走。沒想到，公車站也是滿滿的他們那些人。你排隊，他們或搶你的位，或插你的隊，上車更搶，「若打火的」。還是不停地嘰嘰喳喳，大聲講話，大聲笑……前後是他們，左右也是他們。上到車上，還是他們，他們，他們……陰魂不散，被堵得幾乎喘不過氣。台北真的已成為異域了嗎？

　　又能如何？只能忍。只好包容。

　　終於到站了。鬆了一口氣！

　　回頭一想，原來是從中南部、東部和外島等「島內移民」而來的人大多回去過春節了，而今年春節後馬上開學，家長提早帶小朋友回去，讓小朋友多在「老家」待些日子，玩幾天，工廠也提前收工，這些外勞放假，家鄉在千里外，有些在越南，有些在印尼，有些在馬來西亞，有些在菲律賓，甚至有些在大陸，回去不易，正好趁這時出來一遊。這就出現他們人滿為患的現象了。至於吵，那是免不了的。回想一九

七〇年代台灣經濟起飛時，台灣人不也一樣？那時甚至被世界各地人士誤認為台灣人最沒教養，出國旅遊，到處吵，到處搶路、搶位，動作粗獷，出手闊綽，每每半夜還在大呼小叫，吵得人家沒法安睡，招徠不少惡名、罵名。後來時間終於把我們教養好了，不再出現那些「醜行」了。現在世界上反而公認大陸客最吵、最沒教養了。一樣！現在他們正在步我們的後塵。其實他們也不是不能「教」。記得下陽明山的第一站停車時，因為車上人太多，司機打開後門，讓他們從後門下車，他們還是下車後，一個個規規矩矩地走到前門上車刷卡，投幣，並沒「鴨霸」到想坐霸王車。可見他們還是可「教」的，只是需要一些時間就是了。現今時代已是世界一村，四海一家，理應一視同仁，平等相待。我們都在提倡生態保育了，連會傷人會吃人的老虎都要保護，何況同樣是人類呢？包容吧！用同理心來思考，來包容。包容是美德。

2015-06-25 更生日報副刊

家常事和平凡話

　　碰到好久不見的老同事志超，「怎樣？你兒子還常從美國打電話回來沒有？」一見面，他就衝著我問。我兒子傑傑一向是每週從美國打回來一次電話。他以前就知道，都說這兒子孝順。

　　「有呀！」

　　「還一週一次電話？」

　　「是差不多一週一次。有時當然會有耽誤，譬如碰到學校辦活動啦，開會啦，出差啦，參加學術研討會啦，等等。」

　　「你真有福氣！兩個女兒在身邊，一個兒子雖然遠在美國，還常打電話回來問安。真是個孝順的孩子。」

　　「沒什麼。都問些家常事。譬如問吃飽了沒有？睡得好不好？血壓多少？牙齒還痛不痛？每天晚上起來尿幾次？因為你知道的，幾年前我攝護腺手術，尿幾次和攝護腺的正不正常有關。從新聞報導得知台灣有什麼事發生，譬如天氣轉變，他就趕緊打回來電話，要我保護好身體，別受冷了，鼻子的過敏會發作的。我又不是小孩子，尤其大家都說的『久病成良醫』，這些我都知道，幹嘛說這些？有時都覺得無聊，甚至常會兩個人都沒話說，他在那邊，我在這邊，『默默無言』。我們兩個都是祖傳的『寡言族』嘛！」

「不是這樣。你是人在福中不知福。有子女如此，你該很高興，尤其你兒子，在美國的大學裡當教授很難，忙都忙不過來了，還能每週打電話回來，很不得了。你認為那是家常事，平凡話，其實那裡面蘊含有許多情意在，只是我們平常不覺得而已，像平日碰面，問『你來了』，其實是再無聊不過了，人明明是來了，何必多此一問？有時你在什麼地方坐，也會碰到有人問說『你在這裡坐呀』，這更無聊，人明明坐在他眼前，問這不是太無聊嗎？但是你能說人家這麼問你是無聊嗎？」

「說的倒沒錯。」

「家常事和平凡話其實深究起來，不是沒意義的，只是一般人不去深究而已。別忽視『穿予燒（暖）』、『吃予飽』或『蓋被沒』這些話，是小事，很平凡，卻有無限溫馨在裡頭。我們常聽說『化平凡為神奇』的話。其實就是這道理。何況，」他頓了一下，說：「你寫文章不是一直奉行平易近人，不故弄玄虛嗎？像現在有些人寫起文章來，動不動就以抽象唬人，賣弄文字，自居高人一等，那有什麼意思？其實文章要寫得平凡平易不簡單，能寫出平凡平易，讓人從中見到真理，那才是好文章。」

說得我只有唯唯諾諾，不敢多說什麼。

2015-10-12 中華副刊

好個同理心

「可不可以便宜一點？」

「一斤十五塊好了。」

每天下午約四點，除非有特殊情況，我總會到思賢公園做運動；如果缺少我「怪怪早餐」的料，順便補一補。那公園正好位在宏泰市場邊，我的怪怪早餐，大都煮的豆類、蔬菜，譬如紅豆、綠豆、黑豆、黃豆、百米豆、薏仁、紫米、小米、蕃薯、南瓜、芋頭、淮山、紅蘿蔔等，該市場都賣。雖然該市場是早市，但那時還是有些攤販販賣東西，我就「摸蜊仔兼洗褲」，給當成黃昏市場。今天因南瓜昨天用光了，順便在這裡買。老闆開價一斤十八塊，我給殺價，請他賣便宜些。他很爽快地這麼說。

那時，老王剛好也買了一顆南瓜，付完錢。他是照老闆開的原價買的。老王也是一名退休人員，是公務員退下來的。他一向被我們譏為傻子，每次買東西，賣的人家出多少價，他就照買，不講價，甚至像今天，我向老闆殺價，他在旁邊聽到了，也不會「順勢」要求老闆減價。

事後，我問他，為什麼不也要求老闆減價，平白多花錢。

「不必計較那一點小錢。都是辛苦人。」

他這麼回覆我。

「不是這麼說。你不講價,他們不是白白多賺了你的錢,自己平白多損失了些錢?天下奸商多的是,像你這樣的人卻太少。」

「小意思。都是辛苦人啦。」

我還是不以為然。

應該是對我的不以為然「不以為然」吧!他講出了一篇大道理。他說,「市場上買賣東西,我們買的人當然要買便宜些的好;但是我們必需體念到做生意人的辛苦。我小時候,看到爸爸種菜,種得土頭土臉,媽媽賣菜,賣得汗流浹背,都很辛苦,賺一點小錢過日子,有一餐沒一餐的,很不忍。現在我們買東西,何必去和那些小生意人計較那些小錢呢?要將心比心。你們教書的有一句話,叫『同理心』。我想可以用在這裡。」

電光石火,如雷轟頂。好個同理心!人活在這世間,果然要站在別人的立場,替別人多想一想。不必動不動就斤斤計較,去和人計較蠅頭小利。「獨樂樂」,何如「眾樂樂」!

2016-03-26 中華副刊

後　記

　　我於一九九八年退休，一轉眼，到今天已十八年了。當年我是為了讀想讀未讀的書和想寫未寫的東西，提早屆齡六年退休的。回首這段日子，我一直依照我的生涯規畫過日子。讀書的部分或許做得稍有差距，寫作的部分則可以說超越目標。退休時，我已出版的作品不到十本，經過十八年，它們成長到加進這本就二十三本了，單就出版的作品來說，就比我退休前五十九年出版的作品還多。我自己覺得沒有辜負當年的退休計畫。

　　我曾在一九九四年九月十六日出版的《台灣月刊》發表一篇散文，名為【創造人生的第二春】，現在我給拿來作為本書的代序。這篇拙作寫的就是我當年對退休的猶豫和計畫。我的退休可說是經過「長考」的。這篇當代序應該稱職。不過我辜負了陳老師和陳媽媽要我回南部的建言。我的鼻子過敏。據報導，全台灣空氣污染最嚴重的地方是我故鄉的潮州火車站。我在南部時，常動不動就打噴嚏、咳嗽、鼻塞或流鼻涕，來到新莊後真的改善好多了，我只好留在新莊不回去。其實「大隱隱於市」，古人早就說過了，我雖非「大隱」者，卻願冒充；何況現在都市裡的許多休閒、文化、醫療和環境設施都比鄉下好，適合老人生活？何況現代已是地球同一

村、四海同一家的時代，可以「處處無家處處家」？何況台
灣只是一條小蕃薯，新莊和潮州的距離是近在咫尺，只要認
同，故鄉和異鄉有什麼不同？這不算是「把杭州當汴州」，卻
可以是視異鄉為故鄉。古時人類「逐水草而居」，其他動物也
是，禽鳥擇良木而棲，豈現代人不可擇福地而居？

　　老年的生活是一個議題，我認為相當可寫，最近幾年我
便向這塊領域挖掘。挖掘的方式，詩和散文都有。

　　老年生活的議題，寫了不是全然要給老年人讀的。老年
人有一部分已「視茫茫」了。不管是風霜雨雪或晴天朗日，
老年人已穿越過他們生命的上游階段，可以作為回味的資
材，是不可否認的事實。他們一生雖不見得生活得正確；但
至少親自經歷過了。倒反而是未經歷過的人可作為借鏡。這
可就很有閱讀的價值了。對寫作者、正經歷者和未經歷過的
人來說，它是少有人涉入的新境界，可能是一片新風景，一
個新桃花源。我寫的這些東西，大部分是我的親身經驗，部
分是我所接觸大部分老年人的經驗和有必要去探險的境界，
我給選擇來寫的。總而言之，我所寫的這些，是我之所歷，
我之所見，我之所聞，我之所思，我之所感，我之所期望。
願它們能有助於已有經驗者的回味和願意借鏡者的參考。

　　　　不管願不願意，必須
　　　　命定在西斜的夕照下
　　　　翩翩飛向朦朦的暮色裡
　　　　飛進凜冽的寒冬中
　　　　緊握自己堅定的意志

　　以堅強的精神力量

　　去克服肉體的老化

　　去肩起歲月的重量

　　閃發自己的光和熱

　　取得自己的暖……

　　老年人不是過這樣的日子嗎？在朦朦的日暮黃昏裡，「緊握自己堅定的意志 / 以堅強的精神力量 / 去克服肉體的老化 / 去肩起歲月的重量 / 閃發自己的光和熱 / 取得自己的暖……」這是我在拙詩【以七十為春】裡的句子，老年人的日子理應如此。但願所有現在的老年人，都如此過日子，去【彩繪晚霞】，去走完【最後這段路】；未來的老年人也準備好去過這樣的日子。「夕陽無限好，只是近黃昏。」前人這種感嘆，已經過時，就如他們說的「人生七十古來稀」。我主張「人生七十才開始」，老人生活可以生龍活虎，老人社會可以精彩萬分，晚霞可以燦黃昏。大家一起來吧！讓晚霞把黃昏彩繪得燦爛輝煌吧！

　　註：【彩繪晚霞】和【最後這段路】是作者所寫的兩首詩。

許其正簡介

　　許其正,中國當代傑出的詩人、作家、翻譯家。臺灣屏東縣人,1939 年生,東吳大學法學士,高雄師範大學教研所結業;曾任編輯、記者、軍法官、教師兼部分文學社團負責人、指導教師等,以擔任教師時間最久,從五專、高職到國中,共計 33 年,其間並兼任教務主任 13 年;現在已退休。

　　許氏自小對文藝及寫作具有興趣,於 1960 年開始發表作品,以新詩與散文為主,多寫鄉土、田園、大自然,歌頌人生光明面,勉人奮發向上;已出版《半天鳥》等 12 本新詩集(其中 4 本為中英對照,2 本為中希對照,1 本為中蒙對照、1 本為中英日對照)、《茉苗》等 8 本散文集及 2 本翻譯;作品被譯成英文、日文、希臘文、蒙古文、希伯來文、俄文、法文、葡萄牙文與馬爾他文,被選入近百種選集,詩、散文及劇本曾多次得獎,列名《中華民國現代名人錄》、英國康橋世界名人傳記中心出版《世界名人錄》及《21 世紀世界 2000 名傑出智慧人物名錄》,獲國際詩歌翻譯研究中心頒發榮譽文學博士學位及 2004 年最佳國際詩人,美國世界文化藝術學院頒發榮譽文學博士及英譯中最佳翻譯,國際作家藝術家協會頒發榮譽人文博士,希臘札斯特朗文學會頒發紀念獎,黎巴嫩耐吉‧阿曼文學獎頒發詩歌榮譽獎,另被提名為 2014 年度諾貝爾文學獎候選人。

　　他現在專事閱讀與寫作,作品以中、英、日、希臘、蒙古等語文,在國內外報紙、雜誌發表,並兼任《大海洋詩雜誌》顧問、《華文現代詩》編委及《世界詩人》混語詩刊(原則上為中英雙語,必要時增加其他國家如法、意、俄、希臘、拉丁等語)特約總編,澳洲彩虹鸚筆會臺灣分會會長,國際作家藝術家協會會員,希臘札斯特朗文學會榮譽會員。

許其正已出版著作書目

《半天鳥》 詩集 1964 年 8 月 1 日 葡萄園詩社

《秧苗》 散文集 1976 年 3 月 光啟出版社

《菩提心》 詩集 1976 年 7 月 28 日 三信出版社

《綠園散記》 散文集 1977 年元月 光啟出版社

《綠蔭深處》 散文集 1978 年 4 月 光啟出版社

《夏蔭》 散文集 1979 年 8 月 1 日 自印

《珠串》 散文集 1991 年 4 月 漢藝色研文化事業有限公司

《走過牛車路》 散文集 1993年10月漢藝色研文化事業有限公司

《南方的一顆星》 詩集 1995 年 5 月 屏東縣立文化中心

《海峽兩岸遊蹤》（中英對照）詩集 2003 年 2 月北京團結出版社

《海峽兩岸遊蹤》（中希對照） 詩集 2004 年 10 月 希臘雅典克萊諾詩社

《胎記》（中英對照） 詩集 2006 年 5 月 重慶環球文化出版社

《心的翅膀》（希、英、法、意、中對照） 翻譯詩集 2007 年 5 月 希臘梧桐樹出版社

《胎記》（中蒙對照） 詩集 2007 年 6 月 蒙古阿爾特斯夫特出版社

《胎記》（中希對照） 詩集 2007 年 8 月 重慶環球文化出版社

《山不講話》(中英日三語) 詩集 2010 年 3 月 重慶環球文化出版社

《不可預料的》 翻譯詩集 2010 年 7 月 希臘麗希遜朋出版社

《打赤膊的日子》（《走過牛車路》革新版） 散文集 2011 年 9 月 秀威資訊科技股份有限公司

《走過廊仔溝》 散文集 2012 年 3 月 秀威資訊科技股份有限公司

《盛開的詩花──許其正中英對照詩選》 詩集 2012 年 8 月 重慶環球文化出版社

《旅途上》（中英對照） 詩集 2014 年 3 月 重慶環球文化出版社

《拾級》（中英對照） 詩集 2016 年 1 月 印度新德里作家出版社